Cuando la Falsedad se viste de Blanco.

Dr. Rafael Gonzalez

Reza conmigo por favor:

"Perdóname Señor Jesús, yo te amo.

Abrazo Tu Amor.

Abrazo al Hijo de Dios.

Abrazo tu Cruz.

Abrazo Tu Reino,

Y niego al mundo ahora. Amén.

INTRODUCCION

El primer antipapa de la historia fue alguien muy cercano a Jesús, fue incluso uno de los primeros Apóstoles, Judas Iscariote fue ese antipapa, a pesar de revivir muertos, sanar leprosos, expulsar demonios en Su nombre y ver la Gloria de Jesús una y otra vez, prefirió sus apetencias, prefirió al mundo y sus mieles, por 30 miserables monedas le vendió para ser ejecutado y clavado en la Santa Cruz, fue su firme decisión en traicionarlo que permitió que el diablo lo ocupara y al ver consumado su acto, este encuentra su culpa, desciende en la más profunda oscuridad y allí, toma otra decisión nefasta, el de quitarse la vida.

La decisión de cada persona en esta tierra es lo que puede llevarte a la luz o a la oscuridad, si Judas en vez de ahorcarse hubiese buscado la Misericordia de Dios, Él en Su eterna Misericordia le hubiera perdonado.

El segundo antipapa de la historia, de casi 31 que han habido, se llamó Hipólito, Hipólito de Roma, este fue "elegido" por algunos obispos como papa en oposición al verdadero papa Ponciano I, durante la persecución de la Iglesia por el emperador Romano Maximinus Thrax en el año 235, resulta con la orden, de que tanto el papa verdadero como el falso fueran desterrados, en su destierro Hipólito le pide perdón al papa Ponciano e Hipólito es martirizado en las minas que eran prisioneros y fue descuartizado vivo al caballos atados a cada uno de sus brazos y piernas, hoy por hoy se le conoce a él como San Hipólito de Roma, patrón de los caballos.

Hoy tenemos en Roma, a Jorge Mario Bergoglio, auto proclamado "Francisco I", sus acciones, o sea, sus frutos, hablan inmensamente de un falso profeta, sus herejías son incontables y la persecución a todos aquellos que perseveran en la fe y tratan de corregirle fraternalmente está a la vista de todos.

Si mañana se conociera que en realidad Francisco es parte de la malvada secta luciferina de los masones, no produciría sorpresa alguna en las mentes de aquellos que hemos visto la destrucción que este ha producido en toda la Iglesia. Una vez dije en un sitio de internet popular para católicos, que Francisco en realidad era masón, cosa que luego me pesó mucho decir, pues lo dije sin pruebas en mano, pero su comportamiento, o sea su actuar, no es para menos.

Luego encontré por Misericordia Divina, una profecía aceptada por la Iglesia, por parte de la

Beata Catherine Emmerich, en esta ella habla de la "secta malvada" estar inmiscuida en cierta reunión del clero, en la cual los espíritus malignos se prestaban en hacer caer a esta gente en situaciones y conversaciones indecorosas, que estos hombres eran de la mentalidad "vive y deja vivir."

Jorge Mario Bergoglio es notorio por sus famosos y "sínodos" que solo son famosos por los escándalos que estos producen, las ideas luciferinas que se quieren imponer en estos, ideas que eclipsan la fe; además, la entrevista a la revista Viva en la cual Francisco nos da sus "10 secretos para ser feliz", ninguno de estos "secretos" hablan de Jesús tristemente, ¿y su secreto #1? Francisco proclama "vivir y dejar vivir."

Dios, al igual que eligió a Judas nos envía a un destructor de la fe a nuestra Iglesia, solo porque su misma Iglesia Bergogliana prefirió al mundo antes que al mismo Dios, lo que ha ido corrompiendo a la Iglesia ha sido la modernidad, lo que el papa Pio X llamó: "la Herejía de herejías", todo se resumió en un concepto muy bonito, una bella mentira, en la cual la ley no cambia pero "soluciones pastorales" se buscarían, cual, poco a poco revolucionaron el corazón del prelado débil y eventualmente se aceptan compromisos que devastan la fe de muchos.

Desde haber abrazado la modernidad, el mundo empuja y empuja a la Iglesia por más compromisos, eclipsando de a poco la fe, las enseñanzas verdaderas dejadas por nuestro Señor Jesucristo, los Apóstoles, nuestros Patriarcas, santos Papas, Santos, mártires y fieles difuntos; nuestra querida y Santa Madre María tenía razón, al decir en la aparición de La Salette Francia, que Roma perdería la fe y se convertiría en la silla del Anticristo.

Para que el anticristo aparezca en el sitio sagrado como así lo profetiza el profeta Daniel, la santidad del sitio debe ser eclipsada, o sea, que resulta hasta lógico que Francisco este tratando de eclipsar la fe, para que así el mundo cristiano enfrente por fin al anticristo, sin una Iglesia sana y Santa en Roma, las profecías de Daniel y Juan en el Apocalipsis deben cumplirse, viendo que la ciudad de las siete colinas es destruida desde adentro.

Así como el Templo de los judíos ha sido destruido varias veces, así mismo la Iglesia será mordida en el talón por la serpiente, las aguas se convertirán en Ajenjo, amargas al sabor y todo esto por nosotros haber renunciado a la fe de antaño, aquella que nunca cambia.

En todo esto veo un rayo de Misericordia, Jesús vuelve y todo esto debía ocurrir. Dios es rico en Misericordia y no debemos desfallecer en nuestro constante orar, el mundo se está haciendo más descarado en su pecar y el tope de la Iglesia le sigue la fiesta, pregúntenle al padre James Martin quien Francisco no destituye, más bien, según Martin, Jorge Mario Bergoglio le da ánimo y esperanza en seguir su trabajo, de ir por todo el mundo y proclamar que la homosexualidad es un regalo de Dios.

De nuevo, si mañana se supiera que Francisco en realidad es masón no me sorprendería, las profecías y sus mismos frutos lo delatan.

*"Jesús les refirió otra parábola, diciendo: El reino de los cielos puede compararse a un hombre que sembró buena semilla en su campo. Pero mientras los hombres dormían, vino su enemigo y sembró cizaña entre el trigo, y se fue. Cuando el trigo brotó y produjo grano, entonces apareció también la cizaña. Él les dijo: "Un enemigo ha hecho esto. Y los siervos le dijeron: "¿Quieres, pues, que vayamos y la recojamos? Pero Él dijo: "No, no sea que al recoger la cizaña, arranquéis el trigo junto con ella. Dejad que ambos crezcan juntos hasta la siega; y al tiempo de la siega diré a los segadores: "Recoged primero la <u>cizaña</u> y atadla en manojos para quemarla, pero el trigo recogedlo en mi granero."
Mateo 13:24-30.*

HOLA...

Dios es tan Amoroso... y Su Misericordia, como dice nuestra Madre María, llega de generación en generación... Sinceramente yo, no soy digno de tanto Amor.

Mi nombre va en honor al Santo Arcángel Rafael que significa medicina de Dios, para coincidencia de mi indigna vida a tanta Misericordia Divina, estudié medicina en la República Dominicana en la Universidad Central del Este y me gradué en el año 2005.

Mi decendencia, según mi padre, es española y judía, él me decía: "Los González vienen de las Islas Canarias en España, somos descendientes de judíos." Ahora, si uno lo piensa bien, ¿quién no es descendiente judío? Eventualmente toda la generación de Abraham se multiplicó como las estrellas, de acuerdo a lo que dijo nuestro Padre Todobondadoso.

Bueno, mi nombre no importa, pero como quiera me presentaré: Soy Rafael González, hijo de la Dra. Amaury Altagracia Frías y el Dr. Rafael González Pantaleón, dominicanos, nací en New York en los

Estados Unidos de Norteamérica, con 8 hermanos y hermanas.

Mi vida no fue nada excepcional, no inventé un cohete o descubrí la cura del cáncer, solo tuve la dicha, la enorme dicha de haber encontrado al único Hijo de Dios, Jesús.

Recuerdo como si fuera ayer, como una mujer de orientación religiosa oriental (no cristiana), le entregué uno de mis libros (El Tesoro de los cielos, el arte de la guerra y diamantes), en este libro ella leyó algunas de mis experiencias cercanas con Jesús, y como, recuerdo su conclusión sobre mi libro, me dijo que tengo suerte.

La suerte, en la cultura oriental es algo muy grande, por eso coincido que tuve la dicha en ACEPTAR que Jesús es El único Hijo de Dios, que murió y resucitó para la salvación mía y de muchos... verle u oírle alguna que otra vez en mi vida, nunca eclipsará que lo acepté como mi Salvador.

Estaba haciendo mi rotación nocturna en pediatría en la clínica UCE en Santo Domingo, me desperté al otro día con fiebre y malestar general, la fiebre no me dejaba por días y días y mi situación febril empeoraba; Santo Domingo es una isla en el centro del Caribe, cual está llena de mosquitos del dengue, así que inmediatamente se pensó que yo tenía fiebre por dengue.

Evidentemente no era dengue, sino una neumonía nosocomial, cuando se habla de una enfermedad nosocomial, se habla de una enfermedad adquirida en el hospital o centro de salud que la persona enferma trabaja.

La neumonía empeoró por tomar una droga que se especializa en bajar la fiebre, pero dicha droga inhibe la medula ósea de fabricar células, en mi caso, células de defensa, mi propia inmunología o defensa, fue inhibida de protegerme, por lo tanto, la neumonía empeoró, las drogas no hacían nada, mis pulmones estaban tan llenos de agua, tuvieron que inducirme en coma por medicamentos para poder ventilar mis pulmones y mantenerme vivo.

A mi familia le dijeron que mis chances de vivir no eran buenos, que oraran por mí, mis riñones se cerraron causando un shock, tuvieron que dializarme durante mi coma. Se oró por mi salud alrededor del mundo, 2 personas diferentes que fueron a orar por mí en la sala de cuidados intensivos, vieron a Jesús cuidándome en mi cama, y después de una semana en coma, a pesar de que los médicos en dos ocasiones pensaron no sobreviviría, pero por Su Divina Misericordia desperté con mis pulmones sanos.

Estaba en salud, ya no tenía neumonía, mis riñones respondían, pero, la respiración mecánica, o sea, la entubación durante mi coma me daño la tráquea y tuve que irme a Estados Unidos a repararla, pero desperté y en salud.

Sabía, que Jesús me había salvado de una muerte segura, mis pulmones se inundaron de agua, mis riñones no respondían, mi médula ósea estaba en un estado casi nulo, mis defensas no estaban actuando como debían por el déficit celular inmunológico, era la perfecta tormenta desde el punto de vista médico para yo morir, pero Dios me salvó y yo lo sabía, solo pensaba y pensaba, que querrá Dios conmigo para dejarme en este mundo.

Una noche en New York, no me sentía bien, sentía que mi temperatura estaba subiendo, estaba cansado de todas las operaciones que me habían hecho en mi tráquea, sabía que no habían terminado, vendrían más cirugías, me fui a la cama, entonces soñé con Él, wao Jesús estaba en mis sueños, finalmente me dijo lo que quería de mí, me dijo:

"Rafael, mira qué es lo que yo quiero que tu hagas, quiero que hables de mi Misericordia a todo el mundo, y como prueba de esto mañana NO habrá luz."

Todo lo que pude decir en aquel sueño ante mi Rey y Señor fue: "Señor, tengo fiebre." A lo que me respondió: "No te preocupes, yo me encargo de eso."

Al otro día desperté sin fiebre, pensé que la energía eléctrica se iba a interrumpir, en aquel momento vivía en Hempstead en Long Island NY, las probabilidades de que hubiera un apagón eran mínimas, ya que en New York la energía eléctrica cuando se va es por algún fenómeno natural como una tormenta, pero no había tormentas, o quizás se iría la energía por mantenimiento, que solo duraría unos segundos, el chance de que esto pasara era mínimo o inexistente.

En el lenguaje y cultura dominicana, cuando dices se 'va a ir la luz' se sabe que se trata de la energía eléctrica, ya que en República Dominicana hay muchos apagones eléctricos, incluso hoy en día, pero cuando Dios te dice, se va a ir la luz, Él se refiere a otra cosa.

Me desperté y en el cielo no había luz, el cielo entero estaba gris oscuro, era de mañana ya, no de madrugada y el cielo estaba oscuro por las nubes y así se mantuvo todo el día, mi padre estaba en Boston y ese mismo día me llamó, y sin él saber lo de mi sueño le pregunté cómo estaba el cielo, me dijo: "está oscuro"; luego más tarde mi esposa me llama y le hice la misma pregunta, como está el cielo: "Está negro y relampagueando."

Podemos asegurar que Dios tiene un grandioso sentido del humor con este milagro, yo esperando que la energía eléctrica se fuera y Dios me sorprende con el cielo oscuro.

No había dudas ya, Su Misericordia sería mi vida de ahora en adelante, promulgaría Su Divina Misericordia a todo el mundo y en eso me enfoque desde el 2005 y a eso quiero llegar a través de mis palabras en este libro, Dios es tan Misericorde que al fin permite que todo tipo de espinos o cizaña, cuales se escondían entre el trigo, al fin den la cara para que todos podamos verlos.

Estamos viviendo ese espacio de la palabra en el cual los espinos llegan a su máxima expresión y los segadores están por venir y sacarlo de raíz; si, muchos de la fe se pierden en el proceso que los espinos cantan su venenosa enseñanza y muchos abrazan cosas totalmente heréticas, por eso hay que abrir los ojos y estar siempre alertas por el tanto veneno que se canta en el mundo y dentro de nuestra amada Iglesia Católica por los seguidores de la nueva Iglesia Bergogliana.

Su Misericordia está al alcance pues nos revela que el tiempo está casi en su punto para que El buen

Sembrador se le entregue el trigo almacenado en Su granero. Alabado sea Su Santo Nombre. Amén.

CAPÍTULO 1

EL INICIO

No empecé de inmediato a propagar Su dulce Misericordia, me pase 2 años sufriendo cirugías a mi tráquea en New York, cuando por fin hubo una solución para mi tráquea volví a Santo Domingo, lamentablemente, sentía que no podía ser más doctor en medicina, las constantes cirugías dejaron mi tráquea dañada en un 40%, tanto, que la traqueostomía causada por el tubo de Montgomery que se me coloco, me dejaba la traqueostomía totalmente abierta, en otras palabras, yo tenía un orificio permanente en mi garganta, y porque tenía una obstrucción de un 40% debajo de mis cuerdas vocales, gracias a Dios aun podía hablar, pero por más que repararan o cerraran la presión del aire saliente, se abriría de nuevo, tenía que aprender a vivir así, con una puerta abierta hacia mis pulmones, invitación a más neumonías en el futuro.

Me pasé años estudiando medicina y por esa apertura en mi garganta tuve que retirarme de la profesión, muchos pensaron que podía seguir en otra área de la medicina que no me dejara a la merced de las bacterias y virus que pudieran entrar por mi garganta, pero llegué a Santo Domingo muy triste por no haber sanado mi tráquea.

Una parte de mi cruz es esa traqueostomía, luego, tomé la decisión de irme a los Estados Unidos a vivir y buscar mejor vida para mi esposa e hijos, al ser ciudadano americano, para mí fue fácil migrar al país que me vio nacer.

Vi que la cultura norteamericana era diferente a la Dominicana, o sea, ir evangelizando de puerta en puerta no iba a funcionar y mucho menos en la Florida donde la ley de "Stand your ground" era muy efectiva, esta ley permite a la persona dueño de casa matar a quien sea que este en su propiedad, no quería dar excusas a propietarios de casas disparar sus armas en mi contra, además, Jesús me dijo de propagar Su Misericordia al mundo entero, así que Estados Unidos no era el único país.

Empecé hacer videos rudimentariamente y postearlos en youtube bajo el canal Rafael Gonzalez (yucanation); al principio puse mi testimonio de como Jesús me salvó, coloqué canciones, oraciones y así; luego, el papa Benedicto XVI renuncia a ser nuestro papa y se convierte en el papa "emérito" lanzando al mundo católico en un mar de incertidumbre y especulación.

La atención mundial estaba puesta en el próximo papa, un miércoles de marzo del 2013 sale humo blanco exactamente 66 minutos después de las 6, o sea, a las 7:06 pm en el Vaticano, Jorge Mario Bergoglio es elegido para sustituir a Benedicto XVI, de nuevo, Dios tiene un sentido del humor implacable, 66 minutos después de las 6 sale el humo blanco, increíble.

Desde aquel momento quise llorar, el momento me sobrecogía, este argentino con cara simpática diciendo hola, sinceramente el momento era abrumador, no pensaba en un destructor, pensaba positivamente, esperando que las cosas serán mejores.

Pasaron los días y seguía con mi causa encomendada, proclamar la Misericordia de Jesús al mundo entero, lo hacía a través de la internet, mi canal de youtube era mi plataforma predilecta subiendo videos tanto en inglés como español, entonces algo raro sucedía en Roma, Francisco empezaba a proclamar cosas extrañas.

Esto me llevo a iniciar un blog lentamente, y este blog lo multiplique a varios blogs en inglés y español, admito, que no tengo ningún tipo de experticia en teología, biblia o vida de la Iglesia, yo prácticamente lo único que tenía es a Dios y con Él la sabiduría eterna, me daba la suficiente sabiduría para ver la oscuridad vestida de blanco, la mentira disfrazada en verdad, la falsa misericordia proclamada como Misericordia Divina.

Recuerdo como si fuera ayer, como Francisco era proclamado tanto en el mundo, como dentro de la Iglesia, como la última coca cola del desierto, como la humildad hecha carne en la tierra. No entendía como las demás personas no podían ver a este hombre por lo que era, un lobo vestido de oveja.

"Ateos hagan el bien y allí nos encontraremos." Dijo Francisco en una de sus homilías en santa Marta, le dije a mi sacerdote esto y lo que me respondió fue que quizás Francisco no se había desayunado esa mañana, vaya, que gracioso. Era sospechoso, pero amén, no me inspiraban las alarmas, pero fue al él comisionar a los franciscanitos de la inmaculada lo que me abrió definitivamente los ojos al él ser no Pedro, sino Judas.

Sepan, que no necesariamente por una traición un papa deja de ser papa, Pedro traicionó a Jesús en más de una ocasión y, aun así, Dios le corrige, Pedro reacciona para bien y sigue el ministerio que Dios le confió, PERO en ambas ocasiones Pedro se dejó corregir, recuerden cuando Jesús le preguntó si lo amaba 3 veces, y aquella vez que Pablo lo increpó públicamente, Pedro vio sus errores y regresó a sus sentidos, tanto profético y sacerdotal, fue realmente la Roca.

Francisco, lamentablemente, nunca ha corregido su actuar, en vez, ha perseguido a todo aquel que ha tratado de corregirle fraternalmente, Francisco no tiene ningún deseo de ser otro San Hipólito de Roma, más bien, al final será recordado como lo que él es, el destructor que San Francisco de Asís predijo.

Mis inicios fueron inocentes en cuanto a proclamar Su Misericordia Divina, no tenía enemigos visibles, pero en el momento que vi que la verdad era atacada por la misma gente que se suponía eran nuestros pastores, me gané todo tipo de enemigos dentro de la Iglesia, en mi familia y amigos.

Perdí amistades, gané insultos, recuerdo alguien que respetaba muchísimo me dijo delante de muchos en un foro que yo era un falso profeta, lloré bastante, dure una tarde entera en cama debajo de mis sabanas llorando, e incluso llegue a pensar que lo era, que era yo un falso profeta, gracias a Dios me sané de esa situación en particular, seguí mi camino.

Sepan que la Misericordia Divina tiene una hermana gemela, la Justicia Divina, una no va sola sin la otra, las dos son los brazos del Amor, o sea, si la Misericordia viene del Amor, también la Justicia, una NO anula la otra, más bien la afirma, si mi causa era hablar de la Misericordia de Jesús no podía callarme en cuanto a Su Justicia, la Verdad estaba siendo ignorada y silenciada activamente por nuestros sacerdotes, obispos y el mismísimo papa.

Sacrificar la verdad por una agenda malvada no era para yo tragármelo pasivamente, así que me puse a trabajar, escribía y escribía en mis varios blogs (yuca2111@blogspot.com en español, yucanation@blogspot.com en inglés y otros blogs), además de subir videos a mi canal de youtube, vimeo y godtube, promovía la verdad, era la época en la cual todo estaba conectado en cuanto información a través de la internet, gracias a Dios llegué a varios países, por fin logré ir y hablar de la Misericordia de Jesús a través del mundo.

Mientras Francisco se esmeraba en proclamar más y más mentiras bellas, nadie se le oponía, me recuerdo que la primera persona que grito que la silla de San Pedro estaba vacante fue el padre Kramer, al Francisco decir que el viejo pacto no estaba roto, los judíos, en este sentido, eran el pueblo predilecto de Dios, cosa que cambio según entiendo, cuando Jesús dijo sobre comparar el reino de los cielos, en el cual se podía aplicar a los judíos quienes no creyeron en Jesús: "Los últimos serán los primeros y los primeros los últimos." Mateo 20:16.

Muchos de nuestros Patriarcas declararon que los judíos pasaron a ser los últimos y los católicos los primeros, al francisco decir lo contrario, fue suficiente para el padre Kramer llamar la silla del papa sedevacante, aunque luego dijo que no, porque Benedicto XVI aún estaba vivo, lo cual en mi opinión es lo correcto.

Aún Benedicto no quisiera ser papa, ES papa, y este hombre proclamar herejía tras herejía poniendo en peligro la fe de los pequeños, ese es mi parecer, lamentablemente no tengo ningún poder eclesial o personal para designarle antipapa, pero Jesús si: "por sus frutos los conoceréis." (Mateo 7:16)

Jesús llama falso profeta aquellos con frutos venenosos, les llama lobos vestidos de ovejas un versículo anterior al 16, Mateo 7:15; por ende, yo viendo sus frutos, digo que Francisco es un falso, es un lobo vestido de oveja, por ende, es falsedad vestida de blanco.

Mis inicios, en un papado lleno de persecución a los buenos, me llenó de angustia pues sentía que a nadie le importaba la verdad, y peor aún, ningún sacerdote nos protegía de la lluvia venenosa promulgada desde el tope, había un miedo grande de señalar directamente las mentiras vestidas de verdad de Francisco.

MI amigo sacerdote (que Dios lo tenga en la Gloria), me gritaba, literalmente me gritaba cuando le decía lo que pasaba, no quería saber nada sobre lo que pasaba en el Vaticano, gracias a Dios, no me desesperé con él, nunca con mi sacerdote, entonces un día Dios lo iluminó y aceptó que estábamos viviendo el reinado de un falso profeta. Él se llama Edward Wal, de Polonia, muy perseguido por un malvado Obispo que tuvo la cachaza de proclamar que la homosexualidad puede ser "santa."

Mi amigo sufrió mucho de la mano de hierro de este Obispo quién fue demandado por acoso sexual por un hombre y tuvo que pagar 150 mil dólares; este Obispo, le quito primero su escuela primaria, se la mandó cerrar con la excusa de que tenía pocos estudiantes, a pesar de que otra Iglesia cerca de allí tenía menos estudiantes, él en obediencia tuvo que cerrar la escuelita, siempre lo llamaban del arzobispado por cosas que nunca debieron de llamarle, pero en fin, al él llegar a leer mi 2do libro titulado: Destructor, donde hablo de como la profecía de San Francisco de Asís se había cumplido en la persona de Jorge Mario Bergoglio, abrió los ojos, por fin tengo un aliado, no solo un aliado, un amigo, el padre Edward Wal.

Recuerdo las veces que me sentía abatido por la carga de denunciar a este hombre como el destructor profetizado por San Francisco de Asís, Eddy me decía: sigue Rafa, sigue.

Murió solo en el 2018 de neumonía, la enfermedad que casi me mata a mí, mi amigo sacerdote del alma, Eddy Wal de la difunta Iglesia Transfiguración de St. Petersburg Florida. Me recuerdo que le hablé mal por texto, pues le pedía que me ayudara con una cita con el nuevo párroco de transfiguración, Eddy se negaba, yo no sabía que él estaba en cuidados intensivos del Northside Hospital, en la Iglesia fue que me dijeron que él estaba grave, fui y le vi conectado a un tubo endotraqueal suministrándole oxígeno como a mí me pasó, lloré y oré por mi Eddy sabiendo que era su fin en esta tierra, le toque en las pantorrillas, su alma sabe de mi adiós, me alejé llorando, días más tarde murió.

Fue muy duro perder a mi amigo sacerdote, él único que me alentaba seguir adelante, él único que, si tenía que regañarme lo hacía sin temor, porque admito que yo no era fácil de sufrir.

San Francisco de Asís en su último suspiro profetizó los momentos que estamos viviendo hoy por hoy, fue San Francisco de Asís que me abrió los ojos ante Jorge Mario Bergoglio cuando la porción de su profecía se cumplió cuando Francisco comisiona a los franciscanos de la Inmaculada.

Decía la porción de esta profecía cumplida: "...la pureza INMACULADA de nuestra orden y de otras será eclipsada...", Francisco envía, en su 1er año, una especie de fiscal a los franciscanos de la INMACULADA y les prohíbe celebrar la misa en latín, su fundador es alejado de la orden todo por amar la misa que muchos santos y mártires defendieron, muchos que amaron y hasta murieron por ella, todo fue hecho bajo la nube de la "unión", este tipo de misas según ellos, divide.

Más tarde hablaré en detalle sobre esta profecía, pues nunca en la historia de esta profecía revelada fue tan atacada como hoy, dicha profecía NO conviene hoy por hoy, incluso si usted va ahora mismo al internet y busca: "profecía de San Francisco de Asís", inmediatamente se puede ver "cisma de occidente", o que la profecía es falsa en sí, pero no es así.

En mi primer libro, destructor, hablo de que hay que priorizar la oración por el alma de Francisco, Jesús nos pide orar por los que nos persiguen, esto es amor perfecto hacia el enemigo, Francisco podría convertirse en otro antipapa que al final de su vida se pudiera arrepentir y convertirse realmente, ser otro San Hipólito de Roma, quién, en su momento, pide perdón al verdadero papa y es martirizado.

Admito, que orar por quién te persigue es duro, y más cuando ves que los años pasan y este NO cambia, más bien se pone peor y peor, pero, así como Judas, quién fue elegido por Jesús, aun sabiendo que él lo iba a traicionar, así mismo Jorge Mario Bergoglio está ahí para ser el destructor, el falso profeta, la estrella de ajenjo que cae sobre las aguas y las convierte amargas.

Es una época triste para mí ver mi amada Iglesia caer en las manos del enemigo, pero como decía San Atanasio, ellos tienen las estructuras y nosotros nuestra fe. Nuestra fe en Jesús lo es todo, una fe que produce orar, en misericordia hacia los demás, por su salvación, esto es una parte de la Triada de la Misericordia.

La triada de la Misericordia es 1ero. PEDIR la dulce Misericordia de Jesucristo o sea pedir la Misericordia de Dios y como esto implica el arrepentimiento, reparación y cambio en este primer paso, 2do. SER misericorde como nuestro Dios, imitar a Jesús, buscar la forma de servir a todos como Él lo hizo, orar por la salvación de la humanidad es buena señal de ser misericorde, 3ero. DAR misericordia, la mejor forma es enseñar la fe a quienes no la conocen, incluso evangelizar a los ya evangelizados y esto incluye a los cristianos separados pues necesitan la verdad de los sacramentos.

Muchos tradicionales no les gusta la coronilla de la Misericordia, tienen sus razones, cuales no son válidas, orar por misericordia es bueno, no malo, y esta coronilla no vino a sustituir el Rosario, sino a complementarlo, así como la coronilla no es un pase al cielo o una licencia para uno vivir su vida despreocupado, así como el mismo escapulario no es una licencia para ser un ladrón o corrupto como en la películas de mafiosos, que hacían sus fechorías y al final del día besaban sus rosarios y rezaban, NO, hay que trabajar nuestra salvación con temor y temblor como dice San Pablo.

Entiendan que una fe sin buenos frutos es una fe muerta, debemos ser muy buenos como me decía mucho mi amigo sacerdote Eddy Wal.

El rosario es nuestra arma de oración, el escapulario nuestra pequeña señal de salvación y consagración a la Madre de Jesús, María, no es ella que nos salva primordialmente sino su Hijo y es como si indirectamente ella nos salvase, por eso entiendo porque se le llama Madre de Salvación.

Fui criado en la misa del novus ordo, no conocía nada más, hasta un día, a través de Michael Voris, conocí la misa tridentina. La primera vez que fui a esa misa, nunca en mi vida sentí yo estar en algo tan supernatural, no entendía nada, ni una sola palabra que se decía, pero no era necesario, yo, como la hemorroisa que se curó al tocar el manto de Jesús, así mismo me agarré del manto del sacerdote durante toda la misa, totalmente me sentí fuera de este mundo.

Entiendo por qué tanto odio a la misa tridentina, el porqué de la persecución tan fuerte por los secuaces de Bergoglio, desde que este fue elegido por el grupo que le empujó para que este se alcanzara el papado, la famosa mafia de St. Gallen del arzobispo Daneels, Francisco ha llamado aquellos que le gusta la tradición, o sea, la misa en latín, rígidos y hasta fuera de la Iglesia.

Me recuerdo como un sacerdote en la casa de la Anunciación en Santo Domingo, me regañó por no aceptar la comunión de las manos de otra persona que no fuera él, le dije que yo estaba acostumbrado a recibir a Dios en la boca y de las manos de un sacerdote porque apreciaba la tradición de antaño, o sea, que era tradicionalista, empezó a decirme las cualidades de ambas misas, pues él era experto en liturgia, al final, sin él saberlo me dio la razón, diciendo que la misa en latín era más sobrenatural que la que hoy por hoy se le llama novus ordo, la misa que se le llama "normal."

Nunca en la historia de la Iglesia se habían celebrado en masa, y a través del tiempo misas, que llevaran una carga tan grande de abuso e indiferencia a Dios como la misa del novus ordo, darle la espalda a Dios es la primera señal, canciones de mundo transformadas en canciones litúrgicas, dar la Eucaristía en la mano para que esta sea abusada y los pedazos de santa carne caigan al piso como sucedió hace más de 2000 años camino al Gólgota con nuestro Señor.

Por eso aprecio mucho una orden religiosa que está en la mira oscura del falso profeta Francisco, los heraldos del evangelio, en cada misa dan la Eucaristía en la boca y siempre tratan (en menores grupos en misa), de darla en conjunto con la Santa Sangre de Dios (Vino), no tienen coros de calle cantando alguna versión del popular "despacito" de Luis Fonsi dentro de la iglesia o alguna de los Beatles, ambas transformadas para liturgia; en los heraldos se cantan canciones a la Santa Virgen en latín.

Los heraldos están en la mira del falso profeta por supuestamente, en un exorcismo, el diablo dijo que Francisco era un tonto fácil de manipular por él, esto llego a oídos del Vaticano y ya ustedes se podrán imaginar el problema.

La Misericordia de Dios está presente en cada momento de nuestras vidas y pedirlo de corazón, siempre con arrepentimiento de nuestros errores, con la firme convicción de enmendar y querer ser santos día a día, está al alcance de nuestras manos, lamentablemente el enemigo conoce el deseo profundo de las almas de conectar con Dios, la Misericordia de Dios atrae a todas las almas y el enemigo predicar falsa misericordia hala mucho, puede convencer, ya que nunca a un ser humano se les presentará algo que no apetece y este aceptarlo gustosamente, si le sirves a un hambriento algo tan bonito como una hamburguesa se lo comerá, pensando que come carne de vaca, en vez, lo que en realidad es tofu, la cosa es, que se la come igual pensando que está bien cuando no es así, cuando somos alérgicos al tofu y el que nos sirve LO SABE.

Este capítulo toca mis inicios en mi continuo ministerio de predicar la Misericordia de Jesús a todo el mundo, el abuso a la verdad, me hizo, señalar las mentiras vestidas como verdad promulgadas por el mismísimo tope de nuestra Iglesia, envenenando la fe de muchos, tanta es la mentira que se predica activamente, cosas que en el infierno los demonios aplauden de algarabía, mientras que nuestros patriarcas se retuercen en sus tumbas al oír algo como: "El proselitismo religioso es una solemne tontería, no tiene sentido." Francisco, 2013.

El mismo Jesús nos llamó a proclamar el evangelio a todas las naciones y esto incluye predicar a las diversas religiones, San Pablo predicaba en las sinagogas judías, o sea, proselitaba a los judíos y también a muchas religiones paganas, ganando conversos y otras veces ganando palizas, las cuales le daban gozo por sufrir por culpa del evangelio.

Francisco en este aspecto ha sido muy consistente en sus herejías a través de los años, pero tristemente los sacerdotes han preferido en sus sermones hacer caso omiso, algunos si predican que todo esto está mal, pero lo hacen indirectamente sin nombrarle a él, así, se salvan de ser perseguidos por la policía Bergogliana.

Muchas veces me encontré solo en mi pequeña islita predicando al viento, ganándome insultos, perdiendo amistades y los demonios atacándome más y más.

Me recuerdo cómo, mi primer escrito denunciando las falsedades de Bergoglio, sentía como unas manos se estrechaban a través de la pantalla y me iban ahorcando lentamente, estaba en mi trabajo, era tarde en la noche, prácticamente de madrugada, con cada tecla, con cada palabra me ahogaba y de pronto no podía respirar, al darme cuenta de lo que estaba pasando, lo dejé todo y me puse a orar, inmediatamente esas manos apretando mi garganta se esfumaron.

Ya pueden imaginarse esa escena, no era para más que el enemigo se interpusiera, ya que el título de ese escrito se tituló: "El gozo del evangelio abre las puertas al aborto", así se titulaba la 1era exhortación apostólica de francisco, el gozo del evangelio.

El aborto, la consumación de todo el odio del mismísimo diablo por la humanidad, criaturas hechas a la imagen y semejanza de Dios asesinadas por personas malvadas, NO existe ninguna excusa aceptable para asesinar a un bebé, podemos afirmar con toda seguridad, que quién sea que está a favor del aborto ES UN ENEMIGO DE DIOS.

A pesar de que Bergoglio siempre dice que el aborto es asesinato, que no se resuelve nada matando una vida, él proclama a Emma Bonino, una asesina de bebés como, y le cito: "una héroe olvidada"; Bergoglio, en su gozo del evangelio indica como cuando a una madre pobre o sufrida de violación, se le ofrece el aborto como una solución rápida a su agonía y como uno puede estar impasible a tales situaciones. (Evangelii Gaudium .214)

En Santo Domingo hay un dicho muy famoso, no sé si es autóctono de Quisqueya o será de otro país, el dicho es este: "tú eres como María Ramos, que tira la piedra y esconde la mano", o sea, ser hipócrita; Francisco, puede afirmar que la doctrina NO se puede cambiar, y decir que es un asesinato lo del aborto, pero su accionar detrás y delante de todos nosotros es incuestionablemente oscura, su papado firmó un acuerdo con las Naciones Unidas sobre la "reproducción y salud de la mujer", o sea el aborto.

Fuera de Emma Bonino, invitó a celebridades que apoyan abiertamente al aborto al Vaticano, ninguno de ellos se dio golpes en el pecho y se arrepintió, estos siguen con su apoyo al asesinato de los inocentes, Bergoglio le dio un título de caballería Lilianne Ploumen quién al momento de su "coronación", había recaudado más de 300 millones de euros en favor del aborto; a esto es que digo que es como María Ramos, que tira la piedra y esconde la mano.

Ha sido un duro caminar, en este mundo lo he perdido todo predicando que no hay Misericordia sin Justicia, ese es el lema encabezado de mis blogs; la Misericordia Divina va de la mano con la Justicia Divina, pues las dos provienen del Amor y Dios es Amor. La esencia primordial de la Justicia es la Verdad y la esencia de la Misericordia el Perdón, y en caso de las dos, no nos merecemos ninguna, más bien, no somos dignos de Dios, no le merecemos, pero en Su eterno Amor, Él quiere la familia que Él creo, nos da oportunidades día tras día para volver a su rebaño, ningún ser humano en el Juicio final podrá decir que NO se le dio oportunidad para volver a Dios, con cada oportunidad, Su Misericordia se despliega y en el arrepentimiento y reparo, Su Justicia se impone, por eso NO hay Misericordia sin Justicia.

Deben de una vez y por todas pensar que las almas son atraídas por la Misericordia de Dios, es como esa flama que quema, aquella luz brillante que encanta a la polilla, y esta es consumida inmediatamente por la calidez, así mismo es la Misericordia de Dios, atrae a todas las almas y esto es sabido por el enemigo.

El diablo a través de sus servidores luciferinos, proclaman la misericordia sin ningún tipo de Justicia, calmando nuestras conciencias, dejando que nuestras defensas se calmen para que así llegue el momento en que el enemigo pueda avasallar el alma.

Fíjense como antes el aborto, o sea, el asesinato de los inocentes, era solo perdonado por el obispo, ahora por medio de Francisco es perdonado por cualquier sacerdote, como si fuera cualquier cosa que uno puede caer y repetir, como nos pasa con muchos de nuestros pecados, cuales debemos, con firme convicción no volver a caer en ellos, miren este penoso ejemplo, como una amiga de mi hija, la cual le gusta mucho el sexo, y al ella no gustarle el preservativo, prefiere quedar embarazada a cada rato y como si nada va a plan parenthood y se hace un aborto, al momento que supe de esto ya llevaba 7 abortos y es contemporánea de mi hija de 23 años.

Puedo entender plenamente porque la Virgencita en su aparición de La Salette en Francia dijo que "Roma perdería la fe y se convertiría en la silla del anticristo." El mundo está al revés, lo bueno ahora es malo y lo malo ahora es bueno, como estaba predicho en la Biblia y para colmo, el tope de la Iglesia ayudando que sea así, que tristeza.

CAPITULO 2

LAS PROFECIAS

En el capítulo anterior hablaba de la profecía de San Francisco de Asís, con ella fue que me di cuenta de que estábamos viviendo el reinado de un antipapa, o más bien, como dice el mismo Santo, un destructor. Nunca en la historia de la Iglesia se había cuestionado tanto esta profecía, y la de la Virgen maría en La Salette, Francia, profecías que gozaban del respeto del prelado y laicado, ahora, porque NO convienen, por eso que hoy por hoy se habla de que son falsas o que se refieren a otra cosa.

La profecía de San Francisco de Asís recibió el "imprimátur" de un Obispo, un imprimátur es básicamente el visto bueno para imprimirse, pues NO hace daño a la fe, muchos, a la defensa de Bergoglio, empezaron arrojar dudas a dichas palabras del Santo, primero era que no fue escrito por San Francisco, claro que no fue escrito por él, el pequeño de Asís se estaba muriendo la profetizo.

Luego empezaron a decir que esa profecía se trataba sobre el cisma de Occidente, ocurrido entre los años 1378 y 1417; incluso, si uno va a la internet ahora mismo, lo primero que muestran las páginas de internet sobre esta profecía es que se trata del cisma de occidente y lo segundo es que es falsa.

Tienen que decir que es falsa porque cada palabra en esa profecía se asemeja 100% a lo que está pasando ahora mismo con Jorge Mario Bergoglio, incluso he oído de algunos se han atrevido a decir que el problema de cada profecía es que se pueden comparar con cada papado del pasado, pero créanme que ningún papa atacado la fe verdadera como este.

San Francisco muere en octubre del 1223, el cisma de occidente ocurre entre los años 1378 y 1417, y la profecía del pequeño de Asís fue publicada en el año 1882, más de 450 años después que esto ocurriera… ¿Ven un problema matemático aquí? ¿No?

Esta profecía se dio a conocer al mundo mucho después que el gran cisma de occidente ocurriera, pero claro deben decir lo que dicen porque no conviene a este papado.

Inicialmente las extrañas enseñanzas de Francisco me preocupaban, pero, no pensaba en un antipapado, sinceramente nunca pensé que estuviéramos viviendo el reino de un Judas y a pesar de que muchos antipapas han pasado por Roma, pero en cada momento de la historia de dichos "papados", nunca la humanidad supo en si lo que pasaba en su respectivo presente, hoy por hoy, todo está conectado, vemos cada movimiento, cada noticia proveniente de Roma, todo se puede conocer en tiempo real, por lo tanto los escándalos, blasfemias, herejías, confusiones y apostasía, se ven en tiempo real, lo único es que todas estas son proclamadas con palabras hermosas para que la gente se la tome como el mejor elixir, color miel, olor almendras, esencia cianuro para el alma.

Pero entiendo por qué muchas personas NO están al tanto de lo que pasa en el Vaticano, es porque a nosotros se nos enseñó por nuestros catequistas, e incluso nuestros propios padres, nos enseñaron a que vivir era más importante que estar siguiendo los movimientos y pronunciamientos del papa, por eso a muchos no les interesa.

De nuevo, lo que me abrió los ojos a este pedazo de la historia, en la cual se vislumbra la destrucción de una buena parte de la fe, fue la profecía de San Francisco de Asís, en la cual el santo habla de cómo "…la pureza INMACULADA de nuestra orden y otras será eclipsada…", ese mismo año que fue elegido, Francisco envió un comisionado a la orden más saludable de los franciscanos, los franciscanos de la INMACULADA.

Los Franciscanos de la INMACULADA fueron creados como movimiento espiritual en el año 1970 por los padres Stefano María Minelli y Gabriel María Pelletieri, inspirados en el concilio vaticano II quisieron vivir la regla se San Francisco estrictamente, a diferencia de la orden franciscana en sí, cuales ya no vivían tal como San Francisco quiso, estos franciscanitos de la INMACULADA pedían en las calles, no tenían propiedades a sus nombres y abrazaron la misa de antaño en honor al motu propio de Benedicto XVI "summorum pontificum", haciéndolos más a la par con los inicios de San Francisco de Asís.

Si usted nunca ha visitado la orden franciscana, la cual nos ha dado tantos santos, y usted sabe que la orden, su punto principal fuera de tener a Jesús como su centro, es la pobreza, he ido a centros franciscanos tanto en República Dominicana como en New York y les aseguro que de pobreza ya los originales frailes no tienen nada, por eso los franciscanitos de la INMACULADA son en sí, en nuestra generación, lo más cercano a la regla que el mismo santo escribió, por eso es tan claro como veo este ataque de Bergoglio a los franciscanitos de la INMACULADA, como se cumple esta parte de la profecía.

Podrán decir villas y castillas o sombras y letrinas de la profecía, que es falsa, cisma de occidente, etc, etc, pero, al fin y al cabo, los frutos de Francisco hablan por él, nunca podrán borrar las palabras de Jesús que dicen claramente sobre los falsos profetas: "…Por sus frutos los conoceréis…"

La profecía:

1. Sean fuertes, mis hermanos, tomen fuerza y crean en el Señor. Se acerca rápidamente el tiempo en el que habrá grandes pruebas y tribulaciones; abundarán perplejidades y disensiones, tanto espirituales como temporales; la caridad de muchos se ENFRIARÁ, y la malicia de los impíos se incrementará.

2. Los demonios tendrán un poder inusual; la pureza INMACULADA de nuestra Orden y de otras, se oscurecerá en demasía, ya que habrá muy pocos cristianos que obedecerán al verdadero Sumo Pontífice y a la Iglesia Romana con corazones leales y caridad perfecta. En el momento de esta tribulación un hombre, elegido NO canónicamente, se elevará al Pontificado, y con su astucia se esforzará por llevar a muchos al ERROR y a la muerte.

3. Entonces, los escándalos se multiplicarán, nuestra Orden se dividirá, y muchas otras serán destruidas por completo, porque se aceptará el error en lugar de oponerse a él.

4. Habrá tal diversidad de opiniones y cismas entre la gente, entre los religiosos y entre el clero, que, si esos días no se acortaren, según las palabras del Evangelio, aún los

escogidos serían inducidos a error, si no fuere que serán especialmente guiados, en medio de tan grande CONFUSION, por la inmensa MISERICORDIA de Dios.

5. Entonces, nuestra Regla y nuestra forma de vida serán violentamente combatidas por algunos, y vendrán terribles pruebas sobre nosotros. Los que sean hallados fieles recibirán la corona de la vida, pero ¡ay de aquellos que, confiando únicamente en su Orden, se dejen caer en la tibieza!, porque no serán capaces de soportar las tentaciones permitidas para prueba de los elegidos.

6. Aquellos que preserven su fervor y se adhieran a la virtud con amor y celo por la verdad, han de sufrir injurias y persecuciones; serán considerados como rebeldes y cismáticos, porque sus perseguidores, empujados por los malos espíritus, dirán que están prestando un gran servicio a Dios mediante la destrucción de hombres tan pestilentes de la faz de la tierra. Pero el Señor ha de ser el refugio de los afligidos, y salvará a todos los que CONFIAN en Él. Y para ser como su Cabeza [Cristo], estos, los elegidos, actuarán con esperanza, y por su muerte comprarán para ellos mismos la vida eterna; eligiendo

OBEDECER a Dios <u>antes que, a los hombres</u>, ellos no temerán nada, y han de preferir perecer antes que consentir en la falsedad y la perfidia.

7. Algunos predicadores mantendrán SILENCIO sobre la verdad, y otros la HOLLARAN bajo sus pies y la NEGARAN. La santidad de vida se llevará a cabo en medio de burlas, proferidas incluso por aquellos que la profesarán hacia el exterior, pues en aquellos días Nuestro Señor Jesucristo no les enviará a éstos un verdadero Pastor, sino un destructor." (Obras del Seráfico Padre San Francisco de Asís, Washbourne, 1882, pp 248-250)

Uno compara esta profecía con todas las herejías de Francisco y lo único que uno puede hacer es llevarse las manos a la cabeza de asombro, viendo que, solo un puñado de pastores en TODO el mundo levantaron su voz.

Francisco tuvo la inteligencia de cambiar la curia a su imagen y semejanza, prácticamente, no se encuentra el mismo estado de curia cuando empezó que al día de hoy, él cambio y elevó al cardenalato y obispado cientos de hombres que reflejaba su pensar, ellos van muy en línea con él.

Como podrán ver en las palabras mayúsculas ofrecidas dentro los párrafos de la profecía más arriba, verán SILENCIO sobre la verdad, también como el santo habla sobre lo que el mismo Apóstol Pedro nos dice en la Santa Biblia OBEDECER a Dios antes que los hombres, como la CONFUSION estará palpable y lo está gracias a los ERRORES colectivos empujados por el tope.

Se siente como si fuera ayer cuando Francisco "consuela" a un hombre que fue violado por un sacerdote malvado en su juventud temprana y ahora este ya no podía ver una mujer como compañera a causa de ello, o sea, él era homosexual, la respuesta de Francisco sobre la sexualidad de este hombre que causó aplausos del mundo: "Dios te hizo así, Dios te ama así" Francisco Mayo, 2018.

Si alguna vez hubo un momento de decirle con amor a cualquier alma de que su atracción sexual está mal y que debe intentar abrazar los mandamientos y el Amor de Dios, este era el momento, sin embargo, Francisco prefirió negar las enseñanzas de nuestros santos Apóstoles, Patriarcas Santos, mártires, doctores de la Iglesia y fieles difuntos, todo por una misericordia falsa que solo calma la conciencia de aquellos fuera de la gracia de Dios y los arroja a las manos del abismo.

No hay duda que Francisco habla hermoso, escribe hermoso, el problema es el veneno entre las palabras, la oscuridad que eclipsa la total verdad, en este particular ejemplo, este hombre le fue negada la siguiente verdad:

¿O no sabéis que los injustos no heredarán el reino de Dios? NO os dejéis engañar: ni los inmorales, ni los idólatras, ni los adúlteros, ni los afeminados, NI los homosexuales, ni los ladrones, ni los avaros, ni los borrachos, ni los difamadores, ni los estafadores heredarán el reino de Dios." 1 Cor 6:9-10

La verdad es dura, la verdad ES la esencia de la Justicia la cual en su origen viene del Divino Amor, pero la palabra también tiene Misericordia, porque la Misericordia y la Justicia siempre van de la mano:

"Y esto erais algunos de vosotros; pero fuisteis lavados, pero fuisteis santificados, pero fuisteis justificados en el nombre del Señor Jesucristo y en el Espíritu de nuestro Dios." 1 Cor 6:11"

No sé si ustedes sienten el mismo nivel de Amor en estas palabras, hay mucha esperanza en ellas para todo aquel que ve su error y quiere ser como esos LAVADOS y SANTIFICADOS por Jesús y El Espíritu

Santo, esto es lo que debió decirle Bergoglio a este pobre hombre, para que así enderezara su actuar de cara a Dios, pero Francisco prefirió calmar su conciencia, el mundo ve esto y aplaude, miles y miles obtienen calma de sus conciencias a través de esta bella mentira proclamada por Francisco.

La profecía de San Francisco de Asís habla muy claro sobre CONFIAR en Dios y cuan grande es Su misericordia, es una profecía que, NO tiene ninguna falsedad, a pesar de las noticias graves de cara al futuro, se siente mucha Esperanza en dichas palabras, es una pena ver como la fe es perseguida tan fuertemente dentro de la Iglesia.

Cuando empecé mi formación católica, y de nuevo, conocí a Jesús en la parte de la historia de la misa del novus ordo (la misa "normal"), oía de persecución a cristianos, leía de cómo se persiguió y aniquilaron generaciones enteras de cristianos por las fuerzas de fuera, NUNCA en mi vida me podría imaginar creciendo en mi Iglesia, que la más fuerte persecución vendría desde dentro.

Pobres Franciscanos de la INMACULADA, pobres heraldos del evangelio, pobres mis hermanos tradicionalistas los cuales han sido tildados de estar "fuera de la Iglesia", en buena hora los seguidores de Lutero, esos son los héroes de la Iglesia de hoy, bienvenidos sean los seguidores de la Pachamama, esos son más buenos que los tradicionalistas, es una vergüenza ver este tipo de idolatría pagana llegue tan cerca a la silla de San Pedro.

Profecías de la Beata Catalina Emmerich

"Yo vi la relación entre los DOS papas, y vi lo dañina que las consecuencias serían por esta falsa iglesia. Vi como la Iglesia de Pedro era socavada por el plan hecho por la SECTA secreta.

Evangélicos, católicos y todas las denominaciones, una verdadera comunión de lo profano con un pastor y un rebaño. Vi las fatales consecuencias de esta iglesia FALSA, vi como crecía, vi todo tipo de herejes. Vi al Santo Padre en gran angustia. Él vive en OTRO palacio que el de antes.

También vi las diferentes regiones de la tierra. Mi guía (Jesús), nombró a Europa y me señaló una pequeña y arenosa región, Él me dijo estas palabras: "Aquí está Prusia (Alemania del Este), el enemigo." Beata Catalina Emmerich 1774-1824

La beata Catalina Emmerich nació en Alemania en el año 1774 y murió en el 1824. Sus profecías y visiones fueron aceptadas y aprobadas por la Iglesia Católica.

¿Dos papas después del 1774? No pasó, solo hasta ahora en el 2013 con Bergoglio y Benedicto XVI.

Catalina habla de la secta secreta, o sea, los masones, de nuevo, si algún día se sabe que Jorge Mario Bergoglio es miembro de la secta de los masones, NO me sorprendería para nada.

Es de conocimiento general dentro de la Iglesia que los masones han tratado de infiltrar la Iglesia por años y años y hay evidencias de que lo llegaron hacer. La famosa mafia de san Gallen tenía un miembro muy distintivo, el cardenal Carlo María Martini, quien, el capítulo italiano masónico admitió, después de la muerte de este, que era miembro activo de su capítulo.

Este obispo siempre empujó una agenda liberal, abogó por un "tercer concilio", que se admitiera todo tipo de errores dentro de la Iglesia, como el matrimonio gay, la ordenación sacerdotal femenina y permitir que los sacerdotes se pudieran casar.

El arzobispo Daneels durante el inicio del antipapado de Francisco, escribió su autobiografía, en la cual admitía la creación de un frente de resistencia en contra del papa Benedicto XVI, incluso habló de que esta busco el papado cuando Juan Pablo II murió, pero Benedicto fue electo, si eso fue como él admite en aquel conclave, ¿que los detenía para el conclave que Bergoglio, miembro de esta agrupación de san Gallen, fuese electo? Pues hay historias precisamente sobre esto, de que hicieron su campaña entre el cardenalato para obtener el papado.

Juan Pablo II excomulgó a todos los miembros de la mafia san Gallen automáticamente por iluminación del Espíritu Santo, en el momento que todos ellos buscaron proselitar para que uno de sus miembros fuese elegido a la silla de San Pedro, o sea, obtener el papado, quedaron automáticamente **excomulgados.**

Nota aparte, es sobre la excomunión automática, pienso que esta será para todo que aun sabiendo la gravedad para la fe de muchos su accionar, o sea, cometer el grave pecado de atentar contra la fe de las personas incluyendo la poca o ninguna fe que estos malandrines tengan van y lo hacen, estas personas saben de la fe, en este caso son sacerdotes, obviamente saben que está prohibido, lo hacen y se ganan dicha excomunión, los inocentes no se ganan eso solo los que saben.

Es también visto por la Beata como el Ecumenismo es grande para el tiempo que esta visión ocurre, cierto que el ecumenismo ocurre desde hace mucho, pero de nuevo, está el contexto de los dos papas que ella ve de cara al futuro y esos son Benedicto y Bergoglio.

Musulmanes, seguidores de la Pachamama, denominaciones que no reconocen la autoridad del papado, solo faltaba que llegaran al Vaticano los idolatras con sus vaquitas para adorar, así como hicieron los de la Pachamama.

Mientras, Benedicto XVI vive en otro palacio diferente al de antes, reside en el palacio castel Gandolfo, en cuanto si Benedicto está o no angustiado por como este papado está destruyendo la fe, eso solo Dios lo sabe.

En cuanto Alemania, uno debe mirarlo desde el contexto de la misma profecía de los dos papas, la falsa iglesia y el error del ecumenismo. Las noticias de la Iglesia de Alemania son muy desalentadoras, esta Iglesia quiere abrazar todo tipo de errores y llamarlo misericordia e inclusión; todo esto, a pesar de la bola de humo que francisco tira sobre lo que pasa en Alemania, es culpa del mismo Francisco.

Francisco es el que ha estado forzando la no verticalidad de su papado, ha dejado que sacerdotes malvados reinen todo en honor a la sinodalidad, la única forma que el sí ejerce su autoridad como papa es para perseguir a los que tienen fe, como por ejemplo los tradicionalistas y algunas órdenes religiosas.

<u>Otra de la Beata:</u>

"Vi en una ciudad una REUNION DEL CLERO, hombres de Iglesia cuyo principio es: HAY QUE VIVIR Y DEJAR VIVIR. En nuestro tiempo no deberíamos estar aparte o ser misántropos, <u>nos debemos alegrar con los que se alegran.</u>" Beata Catalina Emmerich 1774-1824, AA II 488.

Esta es otra profecía de Catalina Emmerich, en la cual, se nota una reunión del clero cuyo principio (pensar errado) es vivir y dejar vivir, este es el contexto en torno a la época y la profecía, pues la definición literal de gay es prácticamente esa: alegre.

"Debemos alegrarnos con los que se alegran", la beata vio con el poder de Dios, como en estos tiempos se llamaba más a un homosexual la palabra gay, la cual se ha tomado universalmente como un ser humano homosexual.

También, el principio errado de vivir y dejar vivir es contrario a evangelizar y corregir, si vivir y dejar vivir fuera bueno entonces Jesús no debió darles la paliza a esos cambiadores de monedas y vendedores de palomas.

Volviendo al contexto de esta profecía: alegrarnos con los que se alegran, o sea, los gays, recordemos el infame 1er sínodo de la familia en el cual se lanzó un documento oficial proclamando valorizar los regalos y cualidades de los gays. (octubre,2014)

Sin duda, como dijeron algunos buenos católicos, es el documento oficial más malvado que haya sido creado por el liderazgo y, estoy de acuerdo que ha sido malvado, rico en ambigüedad como le gusta al infierno, mientras más ambigua sea la cosa, mejor para el diablo.

Si dijeran que lo que se busca es que todos participen siempre y cuando sepan que deben arrepentirse de su accionar, otra cosa hubiera sido, por algo es que mantienen este documento oficial de manera ambigua.

Me recuerdo como si fuera ayer como el arzobispo Gómez de Loa Ángeles, California dejó que una pareja de homosexuales y su hijo adoptivo llevaran el pan y el vino para ser consagrado en esa misa.

Y así ha sido todo con respecto a estos sínodos de Francisco, empujando la no verticalidad, la ambigüedad, el error y por ende la confusión diabólica dentro de la Iglesia generando destrucción.

La ambigüedad es a lo que se refiere nuestro Señor Jesucristo cuando dice: "Antes bien, sea vuestro hablar: "Si, si o 'No, no; y lo que es más de esto, procede del mal." Mateo 5:37.

Jesús mismo dice que todo lo que fuera del sí o no viene del mal, mejor definición espiritual de lo que es la ambigüedad, no la hay.

Cuando no se deja claro la verdad y se deja todo intencionalmente a interpretación de las conciencias malvadas, entonces esto es ambiguo, se necesita decir la verdad para que las almas NO se condenen.

Volviendo a la primera y segunda profecía de la Beata Catalina Emmerich dejadas más arriba, hay que darse cuenta que viendo su nacimiento en 1774 subiendo año por año hasta el día de hoy, NO hay una interacción entre dos papas como la que hay de Benedicto XVI y Francisco I, también debemos ver como la Beata ve nuestra actualidad eclipsada por tanta relación pública homosexual dentro y fuera de nuestra amada Iglesia Católica.

Profecía de La Salette, Francia.

En septiembre del 1946 nuestra Santísima Madre se apareció a dos niños en un pueblo de Francia llamado La Salette, dejando mensajes a la Iglesia, uno de ellos fue el siguiente:

"Roma perderá la fe y se convertirá en la silla del anticristo."

Nunca, desde que este mensaje fue dado, fue cuestionado en la Iglesia, pero, porque hoy por hoy no conviene se cuestiona este mensaje.

Pensemos un momento, ¿acaso El mismo Dios no entregó a los judíos al exilio? ¿Acaso el Templo no fue destruido varias veces?

El apocalipsis habla muy claro de como la ciudad de las 7 colinas sería destruida, Daniel habla de cómo la abominación de la desolación sería colocada en el Santo Templo. Si los judíos, al desviarse de la verdad, fueron entregados al exilio y la destrucción, que ustedes creen que pasara cuando la Iglesia empiece a bendecir relaciones gays, a decir que la Eucaristía no es Jesús, a proclamar que la homosexualidad es un regalo de Dios, o sea, apostasía total.

Es una promesa de Dios que la Iglesia NUNCA sería destruida, por lo tanto, creo correcta la profecía de Benedicto XVI en la cual dijo él, que al final la Iglesia se volvería pequeña.

Para que el anticristo haga su silla en Roma, lo que debe de hacerse primero es corromper todo desde dentro, para el mal es más fácil entrar en lo corrompido que en lo sacro, Francisco está haciendo el camino más fácil para que el anticristo, eventualmente, sea recibido como un héroe dentro del Templo Santo.

He visto, en muchas páginas católicas, cosa que nunca había pasado, como esta profecía de La Salette es cuestionada como falsa o dudosa.

La policía Bergogliana no solo está en la curia, sino también entre el rebaño, es increíble como defienden sus herejías, como cuestionan profecías que so un espejo exacto y fiel de lo que está pasando en toda la Iglesia y principalmente desde arriba.

CAPITULO 3

MENTIRAS BELLAS

No es mi deseo estar en esta posición, denunciando alguien que pudiera salvar tantas almas si él, con sincero corazón, deseará cumplir los deseos de nuestro Señor Jesucristo.

Jesús nos dijo muy claro, en cuanto a falsos profetas: "… por sus frutos los conoceréis…" Mateo 7:16. En base a los frutos de Francisco, podemos decir sin ningún miedo y con mucha tristeza que Francisco I es un falso profeta y si es un falso profeta, lamentablemente es un antipapa.

Es solo razonamiento simple, Francisco tiene muchos que lo defienden, y casi siempre estas defensas vienen del laicado, inicialmente ellos le defendían diciendo que lo que él decía NO es magisterio, sino, creencias personales.

En el viaje de retorno desde las filipinas, Francisco declaró y le cito: "Las cartas, homilías, encíclicas, etc… son enseñanzas." Lo mismo declaró uno de sus lacayos al ir ante la confederación de obispos de Estados Unidos, en la cual dijo que los obispos norteamericanos DEBEN estar en línea con las "enseñanzas" de Francisco.

Claro que esto fue una amenaza, pues la intención detrás de las palabras y todo lo que se ha visto, de como algunos obispos han sido perseguidos por disentir de cierta "enseñanza" de Francisco está a la vista.

De inicio se trató de corregirle con amor y humildad, lamentablemente Bergoglio solo tiene humildad cuando las cámaras están de frente a él, es una pena.

En este capítulo veremos algunas de las herejías que con persistencia ha querido empujar mientras la mayoría de la curia queda totalmente callada. Que Dios tenga Misericordia de nosotros en estos tiempos de oscuridad… Empecemos:

"ATEOS HAGAN EL BIEN Y ALLÍ NOS ENCONTRAREMOS." Francisco, 2013.

Cuando Jorge Mario Bergoglio estaba en Argentina y era Obispo de Buenos Aires, entre él y su amigo judío Abraham Skorka escribieron una especie de autobiografía, Bergoglio dijo lo siguiente sobre los ateos:

"Yo no me acerco a la relación para hacer 'proselitismo' o convertir a los ateos; los respeto y yo me muestro como soy. Donde hay conocimiento, ahí empieza aparecer estima, afecto y amistad. Yo no tengo ningún tipo de renuencia, ni le diría que su vida está condenada." En el Cielo y la tierra por Jorge Mario Bergoglio y Abraham Skorka p.12

También en el mismo año de su elección, mayo del 2013 dijo en una homilía:

"Ateos hagan el bien y allí nos encontraremos." Francisco, 2013

En contexto con lo que dijo en el libro titulado "En el cielo y la tierra" coescrito con su amigo Skorka, Francisco persiste en no llamar a la conversión a los ateos, prefiere "no proselitar."

Lamentablemente con estos pronunciados, los ateos no cambian de actitud, pero si pensarán, o sea, el mundo pensará lo fantástico que es este hombre. El aplauso del mundo es adictivo, es muy fácil caer en esa trampa, por eso muchos papas del pasado les gustaban hacer el bien a escondidas, nuestro Señor prohibía a los curados hacer relaciones publicas acerca de los milagros practicados por Él, Jesús se retiraba de la multitud, y tristemente a Francisco se le ve calmando conciencias con cámaras de frente, filtrando todo lo que hace para el conocimiento de todos y el mundo lo alaba como si fuera un santo viviente.

No podemos hacer ningún bien si Dios no está con nosotros, los ateos podrán hacer todo el bien que deseen para la calma de sus egos, pero al final todo bien viene de la mano de Dios, y los que reciben el bien final son los que le agradecen de corazón.

Por más bien que un ateo haga, ellos mismos se cierran la puerta al no creer en Dios, Jesús nos dijo clarito:

"El que crea y sea bautizado será salvo; pero el que no crea será condenado," Marcos 16:16

Muchos católicos son bautizados al nacer, pero su incredulidad oscurece su propio bautismo, por lo tanto, su incredulidad eclipsa la otra, SOLO si creyesen estarían en buen estado por medio del sacramento de la reconciliación, al pedir misericordia y de nuevo pedir ser recibido como así fue recibido el hijo prodigo.

Es la misma situación del hijo prodigo, en el contexto que expongo en el párrafo anterior, muchos ateos son bautizados de niños, a muy temprana edad, luego ellos crecen y viene el demonio por múltiples medios en el mundo: malos amigos, mala información y situaciones fuertes de la vida que hacen a la persona no creer, el hijo prodigo era amado, mimado y muy bien cuidado por su padre, pero este quiso su herencia, fue a otro país y la malgastó, lo perdió todo, tuvo que hacer trabajos detestables y una luz le ilumina: volver al Padre.

Esta parábola es muy conocida, así que preguntémonos ahora: ¿Qué pasaría si a pesar que el hijo prodigo recibe la OPORTUNIDAD, o sea, la luz en su alma, sobre volver al Padre y pedir perdón, este en vez lo desecha y prefiere quedarse cuidando cerdos?

Esto es lo que pasa activamente con los ateos, a todos se les da la oportunidad, la luz en sus conciencias, de volver al Padre Todopoderoso, oportunidad tras oportunidad durante el resto de sus vidas, incluso momentos antes de la muerte, tristemente muchos prefieren quedarse cuidando los cerdos de sus ilustres vidas.

Hay más alegría en el cielo por un pecador que se convierte que por 99 justos, dijo Jesús en Lucas 15: 1-10; Francisco SABE esto, sin embrago prefiere callar porque, y es triste decir lo que voy a decir, Bergoglio prefirió al mundo antes que, al Señor, sus frutos lo confirman, frutos que han sido persistentes, sin cambio alguno a través de los años.

No se conoce, en los años que él tiene en la Iglesia, la conversión de ningún ateo gracias a su persistencia en no decir lo que El mismo Señor dice: "El que no crea será condenado." Juan 1:12

"QUIEN SOY YO PARA JUZGAR." Francisco, 2013

Francisco, en un vuelo de regreso de la jornada mundial de la juventud desde Brasil hacia Roma, habla a los periodistas en torno a una pregunta sobre sacerdotes homosexuales en el cual dijo: "...Si una persona es gay y busca al Señor y tiene buena voluntad, ¿quién soy yo para juzgar" Francisco, Julio 2013.

"... el hombre espiritual lo juzga TODO..." 1 Cor 2:15

Esta proclamación de Francisco obtuvo aplausos del mundo, a pesar de que de vez en cuando a él le gusta decir algo como "la enseñanza de la Iglesia no puede cambiar" o afirmar que el matrimonio es solo de un hombre y una mujer, pero no repara el daño invitando hasta transexuales al Vaticano.

Claro él también ha denunciado el transexualismo, pero los ha invitado y ellos han ido en varias ocasiones, todo un escándalo fomentado que hay que ser "inclusivos."

La Iglesia SIEMPRE estuvo abierta para todo aquel que desee arrepentirse de su vida pecaminosa, para los corruptos, los ladrones, los homosexuales, para todo tipo de malhechor deseoso de cambiar y arrepentirse.

Este es el problema, no llama a conversión a nadie, solo dice medias verdades, mentiras disfrazadas de verdad y la ambigüedad en lo que proclama es fuerte. Si el enemigo está a la puerta y no sabes que es el enemigo por su disfraz de oveja, ciertamente uno, que es amante de lo bello y tierno, uno tiende abrir la puerta para entonces encontrar que es el lobo feroz que al ver que la puerta se abre nos avasalla.

Un caballo de troya total, cuanta tristeza para el catolicismo, uno vio, como esas palabras tan nefastas cautivaron al mundo y Francisco fue celebrado como un santo viviente.

El mundo siempre ha atacado la Iglesia, siempre buscando socavarla, callarla y hasta matarla, pero, Jesús lo prometió, ni las puertas del infierno prevalecerán contra ella. (Mateo 16:18)

Después de allí todo tipo de espino tuvo el valor de dar la cara, me recuerdo como ayer, como el Obispo que tanto atacó a mi amigo del alma, Edward Wal, como este dijo "la homosexualidad podía ser santa." (Obispo Lynch, St. Petersburg). Muchos dieron la cara, un grupo de sacerdotes franciscanos en el 2013 participó en una marcha gay con un letrero, con colores del arcoíris y el lema "quien soy yo para juzgar", como el obispo de NY, Timothy Dolan, participó en la 1era marcha en la que se dejaba a los gays participar, la marcha de San Patricio.

El arzobispo Gómez de los Ángeles, California permitiendo la ofrenda del pan y el vino fueran llevados por una pareja de homosexuales con su hijo adoptado.

Como Obispos dejaban que se celebraran misas de homosexuales en sus remarcaciones y como un sacerdote llamado James Martin, iba de Iglesia en Iglesia, publicitando abiertamente en la sociedad, y con auspicio "católico", que la homosexualidad era un regalo de Dios.

Este pecado, que grita venganza a los cielos, recorrió toda la civilización, persiguiendo a buenas personas que trataban de denunciarlo, muchas personas que decidieron vivir la fe perdieron sus empleos, otros silenciados y Francisco permitiendo que se proselitara dentro de la Iglesia que la homosexualidad era un regalo del cielo.

James Martin, en noviembre del año 2022, se reunió con Francisco, Martin salió de esa reunión diciendo lo muy agradecido por la reunión, cuan inspirador y alentador fue Francisco; Martin no fue removido, sancionado, más bien fue inspirado a seguir su trabajo, pues este aún sigue proselitando su causa homosexual.

Vivir en un tiempo como este, en el tiempo de un falso profeta, por lo tanto, un antipapa es a veces triste, agotador, irritante y llena a uno de suspiros desalentadores en cuanto al futuro espiritual que tendrán que enfrentar nuestra familia amada más joven.

<u>EVANGELII GAUDIUM</u> (Exhortación apostólica, 2013)

La escritura de Francisco es bella, no cabe duda, desde el punto de vista literario, es engañoso leer al destructor que profetiza San Francisco de Asís, su escribir es bello, pero su sustancia venenosa, así como dice Juan en el Apocalipsis (Apoc. 8:11), como la estrella ajenjo vuelve amarga una gran parte de las aguas.

Por eso siempre es bueno pedir al Espíritu Santo iluminación en cuanto a cualquier escrito, incluyendo estos que les ofrezco, es muy importante que los fieles puedan discernir la mentira de la verdad, aún la mentira este adornada con pedacitos de verdad o verdades a medias dejadas al viento, cuales van y viene en el mar de la especulación, por eso es tan desconsolador ver que los pastores hoy en día no quieran ser iluminados puesto que se les nota que no quieren enseñar.

Evangelii Gaudium habla muchas cosas bonitas con mucha falsedad en sustancia, primero debo decir que es muy descarado de parte de Francisco querer proselitar a los ya evangelizados y a la vez proclamar que no se debe proselitar, o sea, evangelizar a las religiones extrañas del mundo.

Puedo decir como EG tiene tantos errores graves, como la persecución del movimiento tradicional, como la elevación del ecumenismo como lo mejor de lo mejor, a pesar de que muchos santos lo denunciaron hasta de satánico, como le abre las puertas al aborto con la excusa de violación sexual y la pobreza.

Aún no lo creas, y todos estos anteriores ser muy, muy malos, lo que peor que yo encuentro de EG es como la Eucaristía es utilizada como un premio de consolación para los que no tienen ningún deseo de arrepentirse de sus graves pecados.

En EG dice: "La eucaristía no es un premio para los perfectos, sino generoso remedio para los débiles" EG 2013.

Primero, se debe saber que la Eucaristía es para aquellos que, por la santa gracia de Dios a través del sacramento del perdón, con el puro deseo de cambiar y enmendar lo mal hecho, la Eucaristía ES para los perfectos, la perfección es dada por el estado de gracia entregado por Dios a susodichas personas arrepentidas y reconciliadas.

Para ese mismo año Francisco alentó a una mujer, la cual Bergoglio llamó por teléfono en el 2014, y le exhortó a ir a otra Parroquia a recibir la Eucaristía porque el sacerdote de la Iglesia de ella, le había prohibido acercarse al Sacramento, ya que ella estaba divorciada y se había vuelto a casar, su situación era irregular.

Ningún divorciado vuelto a casar puede comulgar, o sea, comer de la Carne y beber de la Sangre Santa de nuestro Señor Jesucristo, pues están en estado de adulterio manifiesto.

Jesús dijo:

"Pero yo os digo que todo el que se divorcia de su mujer, a no ser por causa de infidelidad, la hace cometer adulterio; y cualquiera que se casa con una mujer divorciada, comete adulterio." Mateo 5:32

Para los falsos profetas poder conseguir lo que desean deben hablar de manera hermosa para cautivar, y las palabras de Francisco cautivan y calman las conciencias pecaminosas de aquellos que NO desean cambiar.

El no busca cambiar a ningún tipo de pecador indistintamente de cuál sea su pecado grave, más bien, en este caso, dar lo santo a los perros. (Mat 7:6)

El Apóstol Pablo habla claro sobre ir a comulgar en un estado de pecado grave:

"De manera que el que coma el pan o beba la copa del Señor indignamente, será culpable del cuerpo y de la sangre del Señor. Por tanto, examínese cada uno a sí mismo, y entonces coma del pan y beba de la copa. Porque el que come y bebe sin discernir correctamente el cuerpo del Señor, come y bebe juicio para sí. Por esta razón hay muchos débiles y enfermos entre vosotros, y muchos duermen. Pero si nos juzgáramos a nosotros mismos, no seríamos juzgados. Pero cuando somos juzgados, el Señor

nos disciplina para que no seamos condenados con el mundo." 1 Cor 11: 27-32

El adulterio es un pecado grave, una cosa es desconocer que uno está en pecado grave y otra es saberlo y, aun así, ir a comer el Santo Cuerpo del Señor. Se sabe que hay muchos en nuestro mundo que desconocen mucho de la fe y otros que les gusta atentar contra ella pensando que Dios no lo tomará en cuenta porque Él es Misericordioso.

Como dice el profeta en Nínive, Jonás, Dios es rico en Misericordia (Jonás 4:2), pensar que Él es Misericordioso es cierto, pero Dios NUNCA iría en contra de Su mismo mandato, Dios debe ver que usted se arrepiente, que desea corregir sus errores, que quiere cambiar, ver a un divorciado vuelto a casar tomar la Eucaristía clama Justicia, una persona justa trataría de corregir su vida, pero a esto Francisco NO es lo que llama.

Es muy sutil y bello decir que la Eucaristía no es para los perfectos, sino para los débiles como dijo Francisco, porque si, todos somos débiles, PERO es una persona débil que RECONOCE que pecó, RECONOCE que debe cambiar, RECONOCE que debe enmendar y finalmente, con DESEO de complacer a Dios, este alcanza el perdón en el sacramento de la reconciliación y ASÍ es que el estado de gracia, o sea, la perfección, es alcanzado, en ese preciso momento Dios te hace perfecto para comer la Carne y Sangre Santa de Jesucristo, por Su santa gracia.

Desde que Francisco es el antipapa, NUNCA en la historia de la Iglesia tantos pecadores impenitentes públicos se han acercado a comer la Eucaristía.

En la Iglesia San Rafael en St. Petersburg, Fl. existía un sacerdote franciscano que un día me dijo clarito que él le daría la comunión a los divorciados vueltos a casar gracias a lo que Francisco había enseñado.

Dios tenga Misericordia de tantos sacerdotes malvados en nuestra querida Iglesia Católica, no solo son los pederastas que están arruinando la fe de los pequeños, son aquellos que viven un espíritu de modernidad, relatividad y oscuridad mundana constante.

EL PROSELITISMO ES UNA SOLEMNE TONTERIA.
Francisco, 2013.

Proselitismo es un término utilizado más en política que otra cosa, en la religión, proselitismo es otra palabra para evangelizar, cuando Francisco habla de proselitismo religioso, se refiere a evangelizar a otras religiones diferentes a la fe que nuestros Patriarcas, Apóstoles, Santos, mártires, doctores de la fe y fieles difuntos nos enseñaron.

Muchas veces ha dicho está fatal proclamación, lo ha dicho tanto, que el mismo Vaticano tuvo que declarar oficialmente que a los judíos no se les iba a seguir tratando de proclamar las buenas nuevas de nuestro Señor Jesucristo.

Me recuerdo a mi amigo Edward Wal, cuando me dijo sobre una reunión de sacerdotes católicos en St. Petersburg, Florida, uno de sus mejores amigos fue a esta reunión, él le cuenta a Eddy, que él con mucho entusiasmo pronunciaba sus ideas de como proclamar la verdad y la belleza que nuestra Iglesia Católica poseía en Cristo Jesús.

El pobrecito amigo de Eddy se llevó la mala sorpresa que la gran mayoría de los sacerdotes que estaban presentes allí, le comunicaron a este, que NO creían en la verdad que la Iglesia tenía, o sea, no creían que la Iglesia era la única fuente de verdad.

Sacerdotes corruptos, tumbas blanqueadas promulgando soluciones pastorales en favor del aplauso del mundo.

Me recuerdo en confesión un día, Eddy no estaba, me encontré con otro sacerdote, mientras me confesaba le dije algo sobre mi asombro del silencio católico en general, la omisión de tantos sacerdotes, a lo que este sacerdote me contestó que mi verdad, no era la verdad de otros y que me sugería no imponer mi verdad a nadie, que respetara a los demás, a lo que le respondí que todos estábamos llamados a proclamar la UNICA verdad y esa era Jesús.

Debemos entender algo, de una vez y por todas, el mismísimo Jesús nos mandó a proclamar las buenas nuevas, no fue otro, fue Jesús, y hasta los mismos Apóstoles, quienes fueron de pueblo en pueblo, de comunidad en comunidad, de nación en nación, proclamaron las buenas nuevas del Señor, y aquellas naciones, pueblos o comunidades que NO oyeron el mensaje, los apóstoles se limpiaron el polvo de sus sandalias en manera de protesta.

NO proclamar el evangelio, aún sea una vez ante las personas del mundo, es un claro desafío a nuestro Señor, es no reconocerle ante el mundo así que de la misma manera Dios, o sea, Jesús NO lo reconocerá ante El Padre.

¿Ves cómo el error puede anestesiar el alma? ¿Ves cómo las palabras bonitas pueden tergiversar lo correcto? Es muy bonito decir que no debes decirle aquellos que practican una fe extraña sobre la fe verdadera, la fe que solo puede salvar.

Decir que el proselitismo religioso es una tontería es decirle tonto al mismo Jesús, quien intentó hasta la muerte, cambiar la forma de pensar de los mismos judíos, los Apóstoles murieron evangelizando las mentes y religiones erróneas de muchas naciones.

San Francisco de Asís camino por más de un año para llegar al rey musulmán y tratar de evangelizar, no solo a él, sino a muchos, la historia cuenta como él y su compañero, caminaron hacia el frente de la guerra y atravesaron la línea enemiga hasta el lugar donde estaban los musulmanes, lo trataron como loco, pero él estaba deseoso de un martirio, el rey se convirtió y en secreto adoró a Jesús.

Es un error bonito que proclama Bergoglio, un error indefendible y cual ha persistido a través de los años, incluso ha dicho que es mejor estar callado y que sea el actuar del cristiano el que muestre a los otros la forma de vida del católico, y cuando los otros pregunten, cuál es tu fe o creencia, ahí es que entonces deben proselitar.

NINGUN Apóstol de Jesús predicó con el ejemplo solamente, ellos predicaban de voz y palabra, San Francisco de Asís predicaba con el ejemplo sí, pero el llevaba un hábito, era muy distinguible que era cristiano, nosotros no tenemos ningún hábito, no pedimos ni oramos a diario en las calles como el pequeño de Asís y sus compañeros lo hacían.

Es, en fin, triste y espeluznante como los errores proclamados son abrazados y exaltados con tanta algarabía, como el silencio desde los pulpitos gritan al rebaño, como los lobos devoran las ovejas con impunidad.

Desde el tope, Judas habla como dragón y la maquinaria de la falsa iglesia lo alaba como brisa fresca, como santo viviente, como verdadero Pedro y defensor de la fe.

Nunca en la historia de la Iglesia, tanto error es proclamado, tan celebrado.

<u>EMMA BONINO la heroína olvidada</u>. Francisco, 2016

Que el hombre tope del Vaticano te alabe como uno de los grandes de tu mismo país, debe de ser irreal y fantástico, Emma Bonino fue alabada por Francisco como una grande olvidada en Italia para el año 2016.

Otra bella mentira, Emma Bonino no es nada más que un agente de lucifer aquí en la tierra, quien vendió su alma por el amor del mundo al ella asesinar a miles de inocentes,

Toda persona que está en favor del aborto ES enemigo de Dios, fuerte esta verdad, pero Dios ama al inocente y Su Justicia vendrá fuerte para los asesinos de tantos bebés.

Para mí es una pena grande ver como la humanidad celebra su "derecho" de asesinar a los pequeños.

De nuevo, quiero repetir lo siguiente y que les quede MUY claro:

TODO EL QUE ESTA EN FAVOR DEL ABORTO ES ENEMIGO DE DIOS.

Ahora, esto no significa que con arrepentimiento sincero estas personas no puedan volver a Su Santo Amor, al contrario, Dios es rico en Misericordia y siempre está deseoso de ver al hijo o hija prodigo (a) volver a casa, solo deben arrepentirse sinceramente, cambiar, enmendar y acercarse al sacramento de la reconciliación, muy sencillo.

Aún hay tiempo para los que estamos vivos de volver a Su Santa Misericordia, para Bonino y Francisco se le hace más difícil enmendar por la gran cantidad de vidas que han arruinado en todo tipo de niveles, tanto social como espiritual, pero no es imposible, solo deben admitir su culpa públicamente, pedir perdón a los que han arruinado con sus respectivas agendas en favor de este oscuro mundo, rectificar y claro, recibir con amor la penitencia, de nuevo, Francisco pudiese convertirse en otro San Hipólito de Roma, primer antipapa que luego paso a ser un santo de la Iglesia, aunque fue por martirio, peor de nuevo, no es imposible para Dios.

Hay muchas historias de judas alrededor del mundo en la cual no terminaron en tragedia, sino en absolución, cuando estos miraron al que traspasaron en la Cruz, se arrepintieron y santificaron como el buen ladrón San Dimas como ejemplo además del de San Hipólito de Roma.

Lo de Emma Bonino es otro ejemplo de cómo Francisco dice una cosa y hace otra, típico, de aquellos que son falsos, habla de Bonino como una grande entre los grandes, olvidada, según lo que dijo la 1era vez que se refirió públicamente a ella, una mujer que ha matado miles de bebés en útero, y Bergoglio diciendo públicamente que el aborto es matar una vida, pero luego ir y alabar a esta persona a sabiendas.

Lilian Ploumen es otro ejemplo de hipocresía a plena vista, en la cual, se le otorgó un título de caballería del Vaticano a una mujer que recaudó más de 300 millones de euros para que el aborto sea estable en Europa.

No hay forma de que Francisco se zafe de tantos errores adredes, mientras, que alrededor de toda la Iglesia, el apoyo a los provida se ha ido minimizando a tal magnitud, que incluso el vaticano firmó un tratado con las naciones Unidas con respecto a la salud de la mujer (aborto), que triste.

Los provida son tratados como terroristas en muchos países, mientras que el Vaticano se les ignora claramente. Muchos obispos lo que hacen es que les dan la plataforma de rezar públicamente por 40 días, que es buenísimo, así calmas a los revoltosos provida, marchan una vez al año, cosa que políticos toman como oportunidad para sus propias plataformas políticas, en vez de ser como Jesús, retirarse a orar donde la gente no los busque, realmente tener la atención y el amor de muchos es una cosa potente que puede descarrilar cualquier alma, por eso es BUENO, orar siempre por nuestros sacerdotes y personas que pueden cambiar las políticas de nuestra sociedad, los demonios no descansan, los ataques vienen de muchos lados.

Poner a Emma Bonino como heroína muestra la cara de Francisco, lo que realmente desea, mientras dice que las leyes de la Iglesia no pueden cambiar, hace otras cosas diferentes a esas leyes, las ignora en favor de una solución pastoral o misericordia falsa que NO convierte a NADIE, más bien, los afirma en sus creencias fatales.

NADIE ESTA CONDENADO PARA SIEMPRE, ESA NO ES LA LOGICA DEL EVANGELIO. Amoris Laetitia, Francisco, 2016.

Quizás este pronunciamiento es una de las mentiras más bellas que ha pronunciado, más claro de ahí no puede ser, PERO, ¿cuál evangelio será ese? El evangelio del mundo, porque el verdadero Evangelio de nuestro Señor Jesucristo no es.

Aquí Francisco muestra su perseverancia en su error de dar lo sagrado al que no desea abandonar su grave pecado.

¿Acaso conoces de testimonios de personas que dejaron de ser ateos, cambiaron de una religión extraña, o dejaron sus vidas escandalosas gracias a su predicación? Desde que Francisco llegó, le abrió las puertas a todo tipo de impenitentes cuales NO desean abandonar sus vidas de escándalo.

Francisco podría ser el mejor político del mundo, sonriente, proclamando mentiras preciosas en favor de una agenda luciferina y seria aplaudido por el mundo como al presidente Joe Biden, quien ha estado en las manos del diablo desde hace años.

Joe Biden, el presidente del país donde nací, es el ejemplo perfecto de un católico que va a través de la vida con sus ojos cerrados al evangelio, siempre en favor del amo de este mundo, empuja una agenda de "tolerancia" y misericordia falsa, proclama al mundo que, a pesar de ser católico y creer en la vida, "NO desea imponer sus creencias a las masas."

Pero si trabaja y se esfuerza para proclamar el aborto, imponer leyes de muerte a millones de bebés en su tierra y todo el mundo, clásica hipocresía, cual Dios, nunca tolera o perdona a estos pecadores públicos.

En este veneno bello de Francisco, proclama al mundo que todo católico en estado irregular PUEDE ir a comulgar, cualquier ser humano puede ir a la Eucaristía a degustar la Santa Carne y Sangre de nuestro Señor Jesucristo, esta mentira bella, está centrada en las personas divorciadas vueltas a casar.

Solo un puñado de Obispos alzaron sus voces en contra de esta herejía clara, y usted pensará, ¿Por qué nadie hace algo al respecto? Sinceramente, poco se puede hacer en cuanto a remover a este falso profeta, Francisco removió a todo aquel que pudiera hacer algo en favor de esto, elevó a muchos al cardenalato y a puestos de poder alrededor del mundo, se puede ver la obra de Francisco en arzobispados donde nuevos obispos empujan un evangelio de mundo.

Dios eligió a Judas para entregarlo, Francisco que refleja a Judas en este aspecto como traidor de la fe al abrirle la puerta a todo tipo de impenitentes escandalosos y a esto él le llama misericordia.

La falsa misericordia establece las mentiras para que aquellos con pecados graves se queden en condenación, les calma sus conciencias, baja las defensas del alma ante los ataques del maligno y finalmente, estos se van a la tumba siendo bienvenidos en el foso de la desesperanza.

Imagínate todos esos sacerdotes que tenían dudas antes de Francisco subir al trono de San Pedro, sacerdotes con dudas de si dar o no la Eucaristía aquellos en situaciones de persistente pecado, Francisco, les hizo fácil a estos abrazar el error antes que la verdad, recordemos, que el error es FACIL y la verdad es cruda, fuerte y sobre todo difícil; la verdad después de aceptada LIBERA, ya uno NO tiene miedo, más bien, con libertad y valentía, puede uno dar batalla por defenderla.

Jesucristo es el camino, la verdad y la vida (Juan 14:6), pero cuando propones como camino, la mentira acaso ¿podrás llegar a la vida? ¡No! Ellos proclaman a un Jesús sin cruz, con una misericordia falsa y extraña.

Dar la Eucaristía a TODOS, NO evangelizar a nadie, CONDENAR aquellos que practican el tradicionalismo de antaño, PROMOVER ser parte de las creencias de religiones extrañas, AMONESTAR aquellos que desean vivir de acuerdo a los mandamientos del Señor como rígidos y fuera de la Iglesia, ALABAR las practicas erróneas y malignas con su intencional silencio, PERSEGUIR abiertamente aquellos que proclaman el evangelio de Jesús. Si los Santos Apóstoles estuvieran vivos ¿qué dirían?

CRISTIANOS CON LA BIBLIA, MUSULMANES CON EL CORAN, CON LA FE DE SUS PADRES QUE LOS LLEVARA LEJOS. Francisco, Roma 2013.

Aquí no habla del padre Abraham como algunos pensarán, habla de la fe de sus padres, en plural, habla de lo que sus antecesores, de nuevo, en plural, les han enseñado. Esto sucedió al Francisco darle la bienvenida a un grupo de inmigrantes musulmanes a Roma, imagínense a esos musulmanes, quienes creen que Jesús no es el Hijo de Dios y mucho menos que es Dios, que muera al otro día pensando que la verdad está en su falsa creencia.

Una cosa es ser ignorante a la verdad y otra cosa es desecharla, porque, desde pequeño activamente se te enseño que la verdad estaba en tu respectiva religión, no proclama a Jesús como lo que Él es, nuestro salvador, la única forma de llegar al Padre. (Juan14:6).

El ecumenismo ha llevado a la Iglesia a un hoyo de liebre, en el cual, se persigue a quien sea que evangelice todo tipo de personas en religiones falsas, se persigue y amonesta aquellos con deseo de evangelizar a las naciones como así lo pidió nuestro Señor.

Esta proclamación de Francisco, respalda su herejía de NO evangelizar a otras religiones.

Una cosa es que personalmente usted decida que no va a evangelizar otra religión, pero otra muy distinta es proclamar al mundo entero que evangelizar otras religiones es una tontería, y en esto, se basa esta enunciación de Francisco antes las cámaras del mundo y todos los musulmanes que le vieron decir, que seguir la fe, que muchas veces fue forzada a fuerza de espada a muchos.

LAS VIEJAS ESTRUCTURAS NO NOS SON DE USO.
Roma, Francisco 2014.

“La Iglesia nos pide a todos algunos cambios, ella nos pide dejar las viejas estructuras, NO son de uso, debemos tomar nuevos cueros.” Francisco, 2014

Herejía en contra del tradicionalismo católico de antaño y lo que dice San Pablo en la biblia, en esta homilía en Santa Marta, nos dice que la Iglesia nos pide que dejemos "atrás" algunas cosas, refiriéndose al tradicionalismo, el cual, en múltiples ocasiones tildo de pelagiano, rígido, católicos de mente corta y legalismo.

"Así pues, hermanos, manteneos firmes y conservad las TRADICIONES que habéis aprendido de nosotros, de viva voz o por carta." 2 Tes 2:15

Ver como se persigue a un movimiento de la Iglesia Católica tan a la clara es penoso, pero mucho más triste es ver como la mayoría es culpable de omisión, no estamos hablando de que los catecúmenos, los carismáticos, Emaús, o cuales más son aquellos perseguidos, estamos hablando de un grupo que disfruta de como la Iglesia era y debería de ser, es el único grupo dentro de la Iglesia que con amor y fraternidad le dice a Francisco en su cara que comete errores.

La misa, que tanto el mismísimo diablo como el héroe de Francisco, Martin Lutero tanto quisieron destruir, hoy por hoy está cancelada de manera activa por el mismo supuesto pastor que debería defenderla, pero no es así.

Mi fe la adquirí bajo la tutela de mí madre y la misa que hoy por hoy se le llama "normal", misa que nada de normal tiene porque ha quitado a Dios del centro al mover la gran mayoría de sagrarios de la entera atención de todos, se llevaron el cuerpo del Señor y lo colocaron en otro lugar, ya ustedes se podrán imaginar a María Magdalena en esta situación llorando porque se llevaron El cuerpo de Su Señor. (Juan 20:11).

Se llama la misa de Novus Ordo, o nuevo orden de la misa, en la cual, el sacerdote le da la espalda a Dios para luego entregar Su Santa Carne en las manos de todos los que han de comerle.

NO habido en ninguna parte de la historia de la salvación, un momento en que la aparición de Jesús, los Arcángeles, ángeles, Apóstoles, santos sacerdotes difuntos le hayan dado en la mano a una persona la Eucaristía, siempre que, habido datos aprobados por la Iglesia de ese tipo de apariciones y milagros, SIEMPRE la Eucaristía se ha dado en la lengua, NUNCA en estos milagros se ha dado en la mano.

Claro que de inicio la misa del novus ordo nunca fue ordenada para dar la Eucaristía en la mano, pero para algo que fue excelente este tipo de misa fue para la gran cantidad de abusos que esta permite.

Me recuerdo una vez, fui a misa del novus ordo, misa que oficiaba mi querido amigo Eddy Wal, llegué un poco tarde, pero por fuerza de lo Alto, me senté en la sección justo en frente a la mesa del Santo Sacrificio, todos hacían su procesión para ir a recibir la Eucaristía, yo no me atrevía porque estaba en pecado, desde que me senté oraba: "Dios mío, yo nunca me siento aquí, ¿Qué me quieres mostrar?"

Oraba y oraba la misma frase, una y otra vez hasta que vi lo que se me quería mostrar, vi como un acomodador (Usher), de los que sirven en la Iglesia cada domingo obtuvo la Eucaristía en sus manos y después de consumirla se sacudió las manos dándose palmadas entre sus mismas manos con dirección al suelo.

Imagínenselo, este señor que cada Domingo está siempre allí acomodando a las personas, quien tiene cierta cercanía a la verdad, que es privilegiado de conocer la verdad, echaba las partes visibles y no visibles al suelo para que TODOS en la procesión PISOTEARAN a nuestro Señor Jesucristo como sucedió hace más de 2000 años en Jerusalén y esto ocurre alrededor del mundo todo el tiempo.

¿Lo hizo adrede? No sé, pero por algo me era mostrado esto, como la INDIFERENCIA y la falta de conocimiento nos está matando, sí, es claro que la misa del novus ordo NO fue hecha para que fuera la plataforma de la Eucaristía en la mano, pero eventualmente lo fue, fue permitido y de ahí los más grandes abusos a nuestro Señor se han cometido, muchos enemigos ahora solo tienen que extender la mano para que se les entregue el tesoro del Cielo, ellos con malicia hacen como que comen, en vez, se lo llevan a sus bolsillos para luego hacer rituales satánicos.

No es solamente la Eucaristía en el suelo y ser pisoteada por todos, son los rituales de los enemigos, ya que la gran mayoría de los sacerdotes no inspeccionan que la persona verdaderamente se coma el Santo cuerpo de Dios.

PERO, lanzar a Jesús al suelo para luego pisotearle en procesión es lo peor que ha sucedido en la Iglesia en toda la historia de su concepción.

Francisco detesta la tradición de antaño, así como el diablo, en eso tienen algo en común, es triste, pero es mucho los datos que Francisco presenta a favor de ir en contra del Apóstol Pablo en su carta a tesalonicenses.

Evangelii Gaudium #83 habla de aquellos católicos de mente corta: Así se gesta la mayor amenaza, que «es el gris pragmatismo de la vida cotidiana de la Iglesia en el cual aparentemente todo procede con normalidad, pero en realidad la fe se va desgastando y degenerando en mezquindad» (63). Se desarrolla la psicología de la tumba, que poco a poco convierte a los cristianos en momias de museo. Desilusionados con la realidad, con la Iglesia o consigo mismos, viven la constante tentación de apegarse a una tristeza dulzona, sin esperanza, que se apodera del corazón como «el más preciado de los elixires del demonio» (64). Llamados a iluminar y a comunicar vida, finalmente se dejan cautivar por cosas que sólo generan oscuridad y cansancio interior, y que apolillan el dinamismo apostólico. Por todo esto, me permito insistir: ¡No nos dejemos robar la alegría evangelizadora!

¿Ven que bello escribe Francisco? Mentiras con trozos de verdad, super emocionante y bello, le pone escritos de doctores de la Iglesia CUALES NUNCA, se refirieron a las personas ir a comulgar en grave pecado como lamentablemente Bergoglio si lo hace.

Otro ejemplo fue en el CELAM, como se burla de los tradicionalistas pues les gusta contar las veces que rezan Rosarios:

"Comparto con ustedes dos inquietudes. Una es la corriente PELAGIANA que hay en la Iglesia en este momento. Hay algunos grupos restauracionistas. Conozco algunos, me tocó recibirlos en Buenos Aires. ¡60 años atrás!, antes del Consejo... Uno se siente en 1940... Una anécdota, solo para ilustrar esto, no es para reírse, lo tomé con respeto, pero me preocupa, cuando fui electo, Recibí una carta de uno de estos grupos y me decían: "Su Santidad, le ofrecemos este tesoro espiritual: 3,525 rosarios". esto de contar...", "Y estos grupos vuelven a las prácticas y a las disciplinas que yo viví -no tú, porque no eres viejo- a las disciplinas, a las cosas que en ese momento se dieron, pero ahora no, NO existen estos días..."

Ustedes ni yo, podemos imaginarnos la cantidad de santos que, a pesar de no saber latín, amaban la misa tridentina, incluso murieron por ella y Francisco se burla abiertamente de ellos.

La mayor satisfacción de uno de los más grandes santos de la Iglesia, padre Pio, era contar rosarios, como una vez este le pregunta a una de sus hijas espirituales: "¿Cuantos Rosarios llevas?" A lo que su hija le contesta dos, Pio le dice: "Yo llevo 7."

PREFIERO llevarme de un gran santo de la Iglesia versus un hombre que ha proclamado falacias bellas en favor de un evangelio de mundo.

Otro ejemplo es como canceló celebrar la misa en latín dentro de la Iglesia en su infame motu proprio: Tradicionis custodes.

Admito, que mi fe nació en base a la misa del novus ordo, y trabaje en ella como director transitorio de coros, llegue a leer las escrituras, di la comunión pues el sacerdote se había roto su brazo y me llamó hacerlo, pero para este tiempo tenía mis ojos cerrados a la comunión en la mano.

¿Como podría yo definir en pocas palabras la misa del novus ordo o misa "normal"? Mis hermanitos, de normal esta misa no tiene nada, con lo ya mencionado anteriormente, esta misa es la recreación del sacrificio de Jesús, lo único es que, también tiene las burlas, los escupitajos a la cara de Dios, las indiferencias y burlas como pasó camino al Gólgota hace más de 2000 años.

Recibí mi bautismo, comunión, confirmación en la misa del novus ordo, PERO, la 1era vez que fui a la misa en Latín, cada instante para mí fue super natural, no sabía nada de latín y aun así, sin entender absolutamente nada de ella, me entregué totalmente como nunca en mi vida, había ido a cientos de misas "normales" y está misa en latín me llevo al cielo la primera vez que fui, yo me agarré desde mi asiento de atrás, del manto sagrado del sacerdote, y este me llevó a Jesús, me sentí como la hemorroisa quien fue curada solo tocando el manto de Jesús en medio de un gentío. (Mateo 5:24-34).

Eso es lo que Francisco y sus secuaces quieren destruir, pero no pasará, es una promesa del Señor: "ni las puertas del infierno podrán con la Iglesia." (Mateo 16:18).

Yo, al igual que todos los tradicionalistas, somos Iglesia y deseamos fervientemente y con amor, practicar las tradiciones que nos han sido dejadas por nuestros santos Patriarcas.

Si lo que dijo el santo papa Pio X es verdad (y lo es): "el modernismo es la herejía de herejías", decir que hay que dejar de usar las viejas estructuras (tradicional), ya que no son de uso, es eso en sí una herejía.

Pero, ¿a quién trato de convencer? Sin la Luz del Espíritu Santo es difícil ver esto como herejía, si uno lo ve con los lentes del mundo, la gran mayoría de las personas que lean estas palabras lo verán como una pequeñez, por eso confió en El Señor que sea El que abra ojos, nunca yo.

<u>**"LA DIVERSIDAD DE RELIGIONES ES LA VOLUNTAD DE DIOS."**</u> Francisco, Abu Dabi 2019.

Esta proclamación, no fue solo un decir en alguna homilía, fue un documento oficial que Francisco firmó con un jefe religioso musulmán, el gran Imam de Al Azhar.

Este es el camino del ecumenismo, donde todo tipo de herejes se reúne en "fraternidad", les aseguro que el gran Imam a oído las buenas nuevas de Jesús y las rechazó, así como todos los adoradores de la Pachamama que fueron al Vaticano adorar a su deidad junto a Francisco.

Dígame usted que lee estas palabras, ¿es acaso la voluntad o el querer de Dios que haya religiones en el mundo que adoren vacas, permitan a sus miembros lavar sus pecados con la sangre de los cristianos, o proclamar que viviremos en otros planetas?

Yo, entiendo que la inocencia es algo preciado en el cielo, como Dios mismo habla en Su Santa Palabra "mi pueblo es destruido por falta de conocimiento." (Oseas 4:6) Hay una razón GIGANTE, por la cual el purgatorio está donde está, pues Jesús hoy por hoy se encarga de PREDICAR aquellos que nunca oyeron de Él, quienes durante sus vidas aquí en la tierra, vivieron tratando de dar honor a Dios Padre Todobondadoso y NUNCA oyeron de las buenas nuevas de Jesús. (1 Pedro 3:19)

Ahora mismo Jesús predica, pero ¿acaso habrá alguien que le oye?

Si le pasó a Él estando vivo, también pasa en el purgatorio, estas personas, que ahora son espíritu, les son dadas las buenas nuevas, si Dios les predica sin revelar que Él es Dios, así como lo hizo en su tiempo en la tierra; al predicar siempre se busca CAMBIO de vida y si Jesús lo hizo en el pasado, hoy por hoy lo sigue haciendo pues eso sería lo justo y Él ama la Justicia.

Francisco proclamar eso en un documento oficial, y a la vista del mundo, le gana un aplauso seguro por todo tipo de demonio vagando en la tierra en búsqueda por almas que arruinar.

Totalmente en línea con lo que desea las Naciones Unidas y las elites que adoran todo lo mundano, solo puedo ver la cara de nuestros hermanos separados mirándonos con pena y moviendo sus cabezas en negación.

Entiendo si una mente hueca de Hollywood viene y dice eso en el pulpito mundial, pero ¿alguien que se supone conoce de Jesús? Y de nuevo, Francisco sabe quién es Jesús, conoce Sus mandamientos, pero prefiere algo más popular, y no es una de esas fatídicas soluciones pastorales que les fascina ignorar la ley, no, esto es simplemente una herejía infernal vestida bellamente para las masas tragar y poco a poco anestesiar el alma.

Inmediatamente, muy pocos Obispos dijeron que esto era sumamente dañino para la fe, exigieron que Francisco explicara mejor su pronunciamiento, a lo cual, Francisco inicialmente ignoró, no quiso corregir en verdad lo que dijo, más bien utilizó el arma que todo falso profeta le gusta utilizar, la ambigüedad.

Según el Obispo Schneider el papa Francisco le dijo a él en privado que se trataba de la voluntad permisiva de Dios, ahora, ¿Por qué en privado? ¿Por qué no hace una rectificación universal? Porque sabe que los que firmaron ese documento NO lo ven así, no lo ven como algo permisivo.

Dios no tiene que ver en absoluto con las religiones hechas por el hombre, no tiene que ver con el mal que el mismo hombre se crea para sí, ¿Por qué no celebraron el regalo de Dios, el libre albedrio en vez de decir que la voluntad de Dios está con las religiones diversas?

Es un veneno ambiguo y seguro que Bergoglio proclama a todo el mundo para el asombro de los fieles que verdaderamente aman a Dios, una vergüenza ante nuestros hermanos separados cristianos y un horror para el cielo.

Aquí está la herejía que el proclamó:

"El pluralismo y la diversidad de religión, color, sexo, raza y lengua son expresión de una sabia VOLUNTAD DIVINA, con la que Dios creo a los seres humanos" Abu Dabi, 2019.

Primero, no corrige su posición públicamente porque, de nuevo, sabe que el Imam no lo entiende por lo permisivo sino por lo declarado, que Dios quiere diversidad de religiones. Segundo, si realmente fuera sobre la permisividad de Dios como cuenta en privado al Obispo Schneider, ¿porque entonces declarar en ese mismo documento sobre la diversidad de razas? La raza es creada por Dios no es algo permitido sino creado, en sí, esto declara la mentira de Bergoglio claramente, lo que se buscaba no era proclamar permisividad, sino que DIOS QUIERE QUE EL HOMBRE ADORE VACAS, SE LAVE LAS MANOS CON SANGRE DE CRISTIANOS, PERSIGA Y MATE

AQUELLOS QUE NO SE CONVIERTAN AL CORAN… Y así sucesivamente con todo tipo de falsa religión creada por el hombre para satisfacer al hombre, no a Dios.

Hasta el día de hoy, Francisco NO ha corregido sus palabras y eso dice mucho de quién él es, dice san Pablo lo siguiente:

> *"Más si aún nosotros, o un ángel del cielo, os anunciaré otro evangelio diferente del que os hemos anunciado, sea anatema. Como antes hemos dicho, también ahora lo repito: Si alguno os predica diferente evangelio del que habéis recibido, sea anatema. Pues, ¿busco ahora el favor del hombre, o el de Dios? ¿O trato de agradar a los hombres? Pues si todavía agradara a los hombres, NO seria siervo de Cristo." (Gálatas 1:8-10)*

Creo que este pasaje resume este libro, Bergoglio NO es un siervo de Cristo sino del hombre, su anatema lo consiguió en el momento que su grupo prosélito para el papado durante la elección de Benedicto XVI, según lo admitido por el amigo de Bergoglio el arzobispo Daneels en su autobiografía, pero si cabe alguna duda, Bergoglio ha estado enunciando un evangelio que es opositor a lo enseñado por nuestro Señor, así que su anatema se lo ganó, pero, Bergoglio no cree en nada de eso, no le importa.

Bergoglio ha sido anatema, pero de nuevo, a él que le importa, él no cree en eso y ha sido muy astuto al elevar gentes que se les importa un pepino el evangelio de nuestro Señor Jesucristo, así que su legado hereje, está a la vista y si Dios no los frena muchos se perderán.

"Oh sacerdotes del Señor, ¿dónde estáis? ¿Dónde habrá un santo varón que nos defienda?, Dios mío sálvanos de la ruina, recuérdate de Tu promesa, que no sea destruida la fe, que no se diluya en las aguas amargas de la relatividad y oscura ambigüedad, no nos dejes solos, Ven Señor Jesús y restaura lo perdido. Amén."

<u>EL VIEJO PACTO NO ESTA ROTO.</u> Francisco, 2013.

Este pronunciamiento está en línea con lo que dijo en Abu Dabi y a la vez con los subsecuentes pronunciamientos a no proselitar, tanto así, que el Vaticano declaró que a los judíos no se les debe evangelizar, me recuerdo que algunos judíos conversos al tiempo que esta nefasta declaración salió no estaban felices, francamente, nadie con fe viendo esto lo estaba.

Francisco es el papa más inteligente de la historia, él sabe algo que ni siquiera Dios Padre Todobondadoso sabe, pues fue Dios mismo quien dijo que el viejo pacto estaba roto, no por Él, sino porque los judíos lo rompieron.

"Pues si aquel primer pacto hubiera sido sin defecto, no se hubiera buscado lugar para el segundo. Porque reprochándolos Él dice: Mirad que vienen días, dice El Señor, en que estableceré un nuevo pacto con la casa de Israel y con la casa de Juda; NO como el pacto que hice con sus padres el día que los tomé de la mano para sacarlos de la tierra de Egipto; porque NO permanecieron en mi pacto, y Yo me desentendí de ellos, dice El Señor. Porque este es el pacto que Yo hare con la casa de Israel después de aquellos días, dice El Señor; pondré mis leyes en la mente de ellos, y las escribiré sobre sus corazones. Y Yo seré Su Dios, y ellos serán mi pueblo." Hebreos 8:7-10

Dios se desentendió de ellos, entonces Dios les da a Jesús, lo matan, El Señor pide al Padre que los perdone y más adelante les da el Espíritu Santo a quien verdaderamente crea y aun así, no creen.

No me malentiendan, el pueblo judío es el pueblo escogido por Dios, pero decir que el pacto no está roto, cuando el mismo Dios dice que sí, es duro de oír, Bergoglio no lo hace en diferimiento a los ritos judíos, no, él lo hace con la ambigüedad característica que él siempre utiliza, dejando las cosas al viento, nunca diciéndole a los judíos que ellos necesitan a Jesús.

¿Alguna vez has oído a Francisco decirle algún judío que necesita a Jesús para ir al Padre? ¿O quizás él haya proclamado que los judíos necesitan convertirse para ser plenamente felices? La felicidad está en Cristo, es Él que nos lleva al Padre, solo Él.

Hay que hacer el más profundo esfuerzo en traer luz en la oscuridad, brindar las aguas de la verdad a todo aquel que desfallece en el desierto de la confusión, pero con Bergoglio y su bella literatura, nada es certero y verdadero, es ambiguo y herético, la oscuridad disfrazada de luz es lo que reina en todo lo que hace y dice.

Dios mismo dice que el viejo pacto fue roto por los judíos, pero Francisco dice que no, ahora es práctica del Vaticano NO predicarle a Jesús a los judíos, es más, a ninguna religión falsa, y con esto no digo que el judaísmo sea falso, no, pero ellos necesitan oír las buenas nuevas de Jesús tanto como todo el mundo

El padre Kramer fue el primero en decir que la sede estaba vacante con esta herejía, luego rectifico diciendo que Benedicto estaba aún allí, que él era en si el papa, lo cual, pienso que es lo correcto, aun Benedicto no quiera ser nuestro papa, ES PAPA.

El pacto final es Cristo, en Su angustia, dolor y sufrimiento al ir destrozado al Gólgota, es Su muerte y resurrección, nos deja las buenas nuevas y al Espíritu Santo y Su Iglesia.

Con El Espíritu Santo en nuestros corazones, Dios, nos dicta sus leyes, nos recuerda lo mal hecho, como hacer penitencia, como enmendar nuestros errores, como agradarle y todo empieza predicando a Cristo a todas las naciones, pero, ¿es esto lo que realmente está haciendo Francisco?

CAPITULO 4

CURIOSIDADES/COINCIDENCIAS/PREGUNTAS

De nuevo, si más adelante se sabe que Bergoglio es miembro de los masones no me causaría ningún tipo de sorpresa.

Este es el papa que más ha perseguido aquellos que conservan la fe verdadera.

¿Qué tan grave daño hemos hecho? ¿Cuál es nuestro pecado tan fuerte para que se nos envíe tal destructor? ¿Cuánto más debemos sufrir a la inmensa pandilla de destructores dentro de la Iglesia? ¡Hemos pecado, Señor perdónanos por no haber creído!

Desde hace mucho tiempo el mundo ha atacado la Iglesia desde fuera, fuertemente, Dios nos ha sostenido según Su promesa, pero, así como Israel fue exiliado, destruido y horrorizado, la mujer debe sufrir la herida en su talón. (Genesis 3:15).

Los frutos de Francisco lo denuncian como un lobo vestido de oveja, por ende, falso profeta por ende antipapa o sea Judas, no Pedro.

Miren como utilizan las palabras e ideas: "unidad", "misericordia", "acompañamiento", "solución pastoral", "justicia social", "creencias personales", "Dios de las sorpresas", "madre tierra." Todo es un juego de palabras que trata de envolvernos bellamente, confundirnos y así nosotros caer en el error.

Fíjense, que la gran mayoría de las veces no proclama a Jesús, siempre habla de Dios, pues, también los judíos, testigos de Jehová, mormones, musulmanes hablan de Dios, todos, según él, son religiones queridas por el Padre, no por el hombre.

Todo cae alrededor y nadie reacciona, nadie dice nada, es más, prefieren voltear la vista hacia los celulares y ver cuál es el último "trend."

Como mi corazón se rompió al ver como recientemente, al padre Frank Pavone, quién creó la organización "sacerdotes por la vida", fue despedido de su sacerdocio, por el mismísimo Francisco y este dar la excusa de que los sacerdotes no deben ser políticos, Pavone no puede tener creencias personales, pero él sí.

Los sacerdotes más efectivos que no buscan proselitar en política sino buscar salvar almas, cierto, pero tampoco deberían propagar la homosexualidad como un regalo del cielo, y lo hacen abiertamente bajo Francisco, no deberían trabajar en cuestiones que no salvan almas como la justicia social o climática, no debería dar la Eucaristía a pecadores notorios y públicos, cismáticos y MUCHO menos, adorar deidades falsas como la Pachamama.

También, miremos como estratégicamente dice que los tradicionalistas "están fuera de la Iglesia", o sea, que no tienen la salvación del Señor, usando la enseñanza de nuestro santo Patriarca San Cipriano falsamente.

¿Misericordia? ¿Dónde está esa supuesta verdadera misericordia que tanto predica? No la hay, una clara señal de falsedad es la hipocresía, es muy claro, que para los tradicionalistas y los pro-vida no hay esa famosa misericordia de la que tanto Bergoglio hablado tanto, es solo, FALSA MISERICORDIA.

Recordemos, que todas las almas son atraídas a cualquier tipo de destello de la Misericordia Divina, esto el enemigo lo sabe, es más, lo sufre a cada momento en el infierno, ya que allí el peor tormento es no tener a Dios.

¿Curiosidad o coincidencia? que este sea el único papado de la historia que no da apoyo al movimiento pro-vida desde que se instituyó alrededor del mundo en defensa de los no nacidos.

Cierto, Bergoglio habla de que no se resuelve nada matando una vida y que la enseñanza de la Iglesia no puede cambiar, SIN EMBRAGO, actúa diferente, sus frutos nos guían a la firma con las Naciones Unidas en cuanto a "salud de la mujer", no lleva a ser el primer papa en la historia en bendecir las reuniones oscuras de la elite, el famoso club de Bilderberg, como se traiciona a la clara la memoria del Juan Pablo II al firmar acuerdos reconociendo a la iglesia comunista china enviando a los mártires chinos al olvido.

No proclama a Jesucristo como única forma de llegar al Padre, es más, otra bella mentira de Bergoglio es decir que Jesús pretendía estar "molesto" con los discípulos, cosa que va acorde con su proclamación escandalosa de que Jesús no multiplico los panes y los peces, sino, y le cito: "no fue con una varita mágica que Jesús multiplicó los panes, lo que pasó fue que la harina y el aceite de la viuda no se acabó."

Si Jesús pretendía entonces no hubo seriedad en la formación de sus discípulos, si Jesús no multiplicó los panes y los peces con Su Divino poder, entonces Jesús no es Dios ¿ya entiendes su parecer? Su parecer es que, y el lo ha dicho, no hay un Dios universal, o sea un Dios Católico, se alinea a otras religiones que solo hablan de Dios no de Jesús como Dios, esas religiones aplauden.

El 21 de diciembre 2018, dijo en un discurso a los empleados del vaticano que la Madre de Dios NO nació santa, o sea, que la mujer que se le apareció a Santa Bernadette en Lourdes, que su identidad fue "Yo soy la inmaculada concepción", es falso, aquí se alinea con todos los hermanos separados que les gusta atacar a la Madre de Dios.

No debemos sorprendernos, al fin y al cabo, Bergoglio está allí para apoderarse de las estructuras, fue elegido para destruir la fe, y a ellos no les importa que El Señor prometiera que ni las fuerzas del infierno podrían destruirla, no les importa, porque no creen.

No creo en coincidencias, cada uno de los filamentos capilares de nuestras cabezas están contados en el cielo, nos dice nuestro Señor Jesucristo, por esto, tanto Judas como este otro Judas estaban previstos por la Omnipotencia de Dios, por eso, no es coincidencia que sea en este preciso momento que aparezca este hombre engañador, adicto a los aplausos del mundo.

Quisiera estar equivocado, quisiera que todo fuese una mala pesadilla y que todo esto no fuese real, pero lo es, los buenos son perseguidos, los verdaderos pastores son saqueados y el evangelio de Jesús eclipsado en favor de una "realidad mundana."

Recuerdo como al revelar la injusticia de Francisco hacia el padre Pavone a un grupo de amigos, el silencio reinó hasta que uno de ellos me dijo: "A quién le importa, Messi ganó." Si, Argentina ganó, felicidades… Hay una frase popular en Santo Domingo, es prácticamente verdad, dice: "En cada broma hay algo de verdad", mi amigo, que sé que lo hizo a tono de broma, decía una verdad entre dientes, a nadie le importa lo que está pasando.

Mi amigo querido quiso decir una broma, pero al mismo tiempo decía la verdad, a nadie le importa, preferimos la algarabía del momento, la atención en línea, los azúcares que proveen nuestros celulares, se siente como que a nadie le importa lo que está pasando en la Iglesia, la fe y Dios.

Me entristece plenamente la situación de la Iglesia Universal o en griego, Católica; una mentira hoy vale más que la verdad, excusas, bellas mentiras e hipocresías son alabadas como verdadera misericordia.

De nuevo, Bergoglio llegó a decir que él no cree en un Dios Católico, que cree en Dios y su encarnación Jesús, sus frutos hablan fuertemente de que no es el Jesús que conocemos desde niños, desde cuando

Jesús diría ¿que está bien adorar a Pachamama o decir que evangelizar otras religiones es una solemne tontería?

La mayoría de los santos que se expresaron sobre lo que hizo Lutero siempre mostraron claramente que este era una estrella caída, más, sin embargo, Bergoglio lo proclama como un héroe del evangelio, todo lo que muchos mártires sufrieron, quienes fueron asesinados defendiendo la fe, Francisco los tira por el suelo, niega su martirio por dar espacio al enemigo de Dios, el mundo.

Nunca proclama a Jesús como única vía, nunca sigue los pasos de los Apóstoles y evangeliza a naciones con religiones falsas, cede ante el "glitter" o chispas del mundo y permite todo tipo de perversidades en la Iglesia, despide los buenos, promueve los malos.

Todo lo que antes era bueno, ahora es malo, todo lo que antes era malo, ahora es bueno, los tradicionalistas según él están fuera de la Iglesia, los luteranos son héroes del evangelio, los carismáticos, catecúmenos, Emaús, todo tipo de movimiento están bien, pero estos tradicionalistas, son tan pero tan malos, que no hay más espacio para ellos.

Sabe amargo este momento y aún peor es que las ovejas van por ahí sin importarles nada. Amargo, triste, a veces con perplejidad, vemos como se destruyen las cosas, se aceptan compromisos, se ven cobardías como en Alemania, sinceramente es cierto lo que dijo su eminencia una vez, el cardenal Raymond Burke, no me recuerdo el año que lo dijo, pero ciertamente lo hizo, al decir sobre la confusión reinante provista por nuestros pastores, que la historia de la Iglesia lo recordaría como una mancha oscura y estoy de totalmente de acuerdo, Dios bendiga nuestros sacerdotes valientes.

CAPITULO 5

El mundo

"Oh almas adulteras! ¿No sabéis que la amistad del mundo es enemistad contra Dios? Cualquiera, pues, que quiera ser amigo del mundo, se constituye enemigo de Dios." Santiago 4:4

¿Qué es lo que promueve el mundo? O sea, ¿Qué promueve nuestra sociedad?, promueve todo tipo de placeres, falsa moral, deidades infernales, idolatría, omisiones, muerte y sobre todo… rechazar a Dios en todo lugar y en todo momento.

El hombre busca complacer la oscuridad, oscuridad vestida de luz y de ella, viene todo tipo de falsedades para completar la destrucción del alma.

Llama al Espíritu Santo ven y busca iluminación, pide que te deje oír y ver, todo lo que el mundo promueve para el ser humano, con esto te pido, yo a ti, que pidas protección espiritual e iluminación con la oración que Cristo nos enseñó, el Padre nuestro.

Reza por favor, te espero…

Bien, el mundo grita que te salves a ti mismo, no importa la forma pero que te salves tú, no que te salve Jesucristo no, que te salves tú; si eres casado o casada, el mundo promueve el divorcio, no desea que busques un compromiso real, un fuerte y arduo trabajo continuo de honrar tu promesa al Padre cuando prometiste que estarías "en las buenas y las malas, hasta que la muerte nos separe", el mundo no busca que quieras la salvación de tu esposo o esposa en Jesús, juega con palabras a través de nuestros lideres, en los medios, incluso con susurros en tu mente buscando que falles.

Los obstáculos en tu vida son pruebas que solo con la gracia de Dios y tu esfuerzo podrán superar, pero en cuanto al matrimonio como ejemplo, en tu vida, los momentos malos como la embriaguez, el adulterio, otros vicios, la homosexualidad, robo, corrupción, de nuevo, todo esto es fácil de hacer, lo difícil es no hacerlo buscando honrar a Dios y mucho menos que tu esposo (a) te ayude, más bien prefieren salvarse a ellos mismos y buscar el divorcio.

Si tienes un deseo, orientación, etc, etc, el mundo te anima a llenarlo, a satisfacerlo y es muy fácil hacerlo, trae sus consecuencias, por eso hay tantas personas que van por el mundo destruidas por dentro, huecas, sin norte y sin aparente futuro, tan hondo es su abismo interior que se mutilan, buscan constantemente sabotearse, dañarse y destruir a otros, se ahogan y buscan que otros se ahoguen con ellos.

El divorcio, la eutanasia, mutilación de géneros, auto-idolatría e idolatría de cualquier cosa, la pederastia, el homosexualismo, la automutilación son muchas de las cosas que este mundo defiende y desea imponer como algo bueno, todo aquel que promueve lo que el mundo vende es aplaudido y celebrado, el mundo ama a los suyos. (Juan 15:19)

Mira como el divorcio es promovido más que en ninguna parte de la historia de la humanidad, como antes tener una familia numerosa era algo que era respetado y honrado, es más, un hijo era visto como una bendición, imagínate siete u ocho, el mundo busca contener la procreación, te enreda con palabras hermosas como buscar prevenir enfermedades, detener la pobreza, cambio climático, preferiría la sociedad restringir forzosamente la procreación como China y poner como excusa el clima.

Ahora, ¿qué dijo Francisco sobre esto de tener tantos hijos? Recuerdo somo hablaba de estos padres de como estos se reproducen como conejos, lo hacía sentir como un error, se sentía en sus palabras hasta como le asqueaba tal situación de tantos hijos, ¿Qué hace el mundo? Le da la razón.

Reproducirse como conejos es lo que NO quiere el mundo, ya que fue uno de los mandatos de Dios para Adán y Eva, por ende, para todos: "sean fructíferos y multiplíquense." (Genesis 1:22)

Claro que luego, Francisco, se disculpó y rectificó su comentario, pero como todo falso profeta: dice una cosa y hace otra, pues sí, hoy por hoy es cierto que él apoya de palabra a las familias numerosas como ha dicho en múltiples ocasiones a través de los años después de su debacle con los conejos, pero actúa diferente al apoyar aquellas personas y organizaciones en favor del aborto de manera abierta y sin ningún tipo de renuencia.

El mundo busca nuestra destrucción, no desea que seamos espirituales, cada vez que se asesina un bebé, para la madre, el padre, el médico, la enfermera y los lobistas de la muerte, se está dando una "solución", según ellos es tu derecho, para Hollywood es misericordia, para el diablo, matar el centro de la creación de Dios, el ser humano en su etapa más vulnerable, es matar esa imagen y semejanza que tenemos con Dios, convirtiéndonos en basura, el enemigo se ríe y mira al Altísimo señalándonos, acusándonos de ser escoria.

Dios nos ama, pero NUNCA celebrará nuestros pecados, el mundo si lo hace, si los celebra, por eso la gente hoy por hoy camina por ahí como zombis buscando atención en el internet, tienen como deidad su propio cuerpo, su vanidad es inmensa y el mundo lo valora como positivo.

Aplausos y más aplausos a esa pornografía andante buscando la atención de todos, incluso padres, vistiendo a sus hijos como mercancía, mostrándose en las escuelas, centros comerciales y hasta en las Iglesias, rompiendo con la decencia y el pudor.

Vestir, de manera indecorosa, mostrando hasta los pensamientos, es un imán para los ojos de muchos, los pensamientos se vuelven pecaminosos y los demonios disfrutan de nuestra perdición.

Otro ejemplo es robar y ser como Robin Hood, corrupto y "dar" a los pobres es celebrado, muchos sacerdotes se vuelven "piadosos" ante el mundo, porque estos buscan justicia social y no saciar los deseos de Dios.

Justicia social, tremenda trampa para aquellos que deberían salvar almas, recuerdo como un fraile iba a nuestra Iglesia allá en santo Domingo diciendo:

"podemos cambiar el mundo si cada uno en el mundo diera 50 pesos", dinero que era para cierta actividad de la famosa justicia social que tanto gusta.

Prefiero que me digan que lo único que puede cambiar al mundo es: SI EL SER HUMANO SE ABANDONA A LA MISERICORDIA DE DIOS, en vez de hablarme de dar dinero para cierta causa social.

Dicho sacerdote fue elegido el hombre del año y apareció en la portada de dicho periódico o revista, muchos sacerdotes están haciendo el mismo trabajo que hacen las organizaciones sin fines de lucro financiadas por muchos, que lo que hacen estas es darle sus vidas al maligno, como por ejemplo las Naciones Unidas, los masones y personas particulares.

Recuerdo a mi dulce hija, mi princesita, brillante de mente, con la sonrisa más dulce del planeta; se ganó 50 dólares y una placa por sus calificaciones que una "sociedad" (que ahora mismo no me recuerdo su nombre), le otorgó, dicha sociedad deriva de los masones y en cierta forma, ayudaban a las escuelas de Pinelas en San Petersburg Florida.

No sabía quiénes eran ellos al llega al lugar donde se celebrarían las premiaciones, no podía encontrar de momento ningún símbolo típico de masonería como los hay, sospeche inmediatamente que algo estaba mal cuando iniciaron el evento al ellos pararse de sus sillas y proclamar unas palabras que nadie entendía, su actitud era muy sospechosa, creo que lo que los delató fue un logo que vi bien escondidito, pero ya habían terminado las premiaciones, no pude irme a tiempo con mi familia de allí.

El mundo tiene muchas organizaciones sin fines de lucro que reciben dinero de estas organizaciones luciferinas como los masones, pero el mundo reconoce que hasta el más ardiente luciferino, es un potencial santo, si y solo si, este renuncia su actuar abrazando la Misericordia de Jesús y le proclama como su Señor y Salvador.

El diablo sabe de la Misericordia de Jesús, sabe que podría salvar hasta el más perdido de los individuos en un instante, si solo estos clamaran a Él, se salvarían ellos y su casa (Hechos 16:31), es por esto que el demonio engaña a muchos con la falsa misericordia, sabe que cada alma, en lo más profundo de ellas, TODAS, son atraídas hasta por el más mínimo pedacito de la infinita Misericordia de Jesús, por eso, el amo del mundo, aquel que tiene todas las riquezas, gobiernos y reinos de la tierra, y lo da a quien lo adore o siga (Lucas 4:5-7), engaña con algo llamado falsa misericordia y los profetas oscuros, aquellos vestidos de oveja, lo proclaman como lo mejor de lo mejor.

Podemos llamar la falsa misericordia como aquella que intenta aliviar la conciencia del pecador por medio de engaños vestidos como verdad, nunca por el sacramento de la confesión, sino con engaños, o sea, toda misericordia predicada sin un mandato de arrepentimiento, cambio y reparación, compete como falsa misericordia, en fin, la falsa misericordia fue diseñada para engañar las almas de la no necesidad de arrepentirse y cambiar de vida para así vivir como Dios lo pide, santamente.

Medias verdades, mentiras atadas a verdades e incluso, grandes mentiras que apelan la ambición de las personas haciendo que se autoengañen, son aquellas las que se utilizan para que el alma calme su conciencia pecaminosa, baje sus defensas espirituales y caigan en la trampa hecha para ellos.

La trampa será determinada por la carne de la persona, por su fortaleza o debilidad mental, por amor y/o falta de amor a Dios en ellos, recordemos que la gracia no puede hacer nada si usted no la pide, la abraza y la nutre, es como la semilla, sin agua, tierra y sol no puede crecer, ser lo que está debió ser, así mismo es cada alma, TODAS están llamadas a la santidad, pero no todas abrazan a Jesús y sus mandamientos.

Todos nosotros tenemos oportunidades para rechazar el mundo y sus mieles, casi siempre perdemos la batalla por no querer abrazar a Dios, todos, independientemente si crees en Dios o no, tenemos la capacidad de creer AHORA MISMO.

Inmediatamente crees en Jesús, o sea, Dios… Puedes ARREPENTIRTE, PEDIR PERDON y buscar ENMENDAR EL ERROR, entonces empezar a vivir la fe día a día, cosa que el mundo no desea, por eso odia tanto a los cristianos, los persigue, les aniquila, ya sea física o espiritualmente, busca acorralar y llenarlos de desesperanza.

¿Cómo Francisco ha ayudado al mundo? ¿Cómo la presente iglesia, la iglesia que él mismo ha colocado al frente, ha ayudado al mundo?

Él dice que las puertas están abiertas para TODOS, cosa que siempre fue así antes de que él llegase a la silla de San Pedro, todo el que quisiera entrar a la Iglesia NUNCA se le prohibía, SIEMPRE Y CUANDO abandonaran su vida de pecado, o sea, que se arrepintieran y cambiaran de vida.

Ahora todos los ateos, homosexuales, ladrones, aborteras, etc… TODOS pueden entrar sin tener que dejar atrás su pecado favorito, pueden contaminar la fe de los pequeños, no les es demandado cambiar, nada de arrepentimiento, nada de enmendar, nada de creer, nada de nada.

El mundo ama a los suyos y nunca antes en la historia de la Iglesia un papa ha sido tan defendido por el mundo como este, Francisco eligió al mundo en vez de nuestro Señor y eso es una pena, prueba de ello está en sus frutos, los comunistas lo aman, las naciones unidas le aman, los ateos le aman, los lideres de religiones falsas le aman, Y NADIE SE CONVIERTE, nadie de estos termina, hasta el día de hoy, amando a Jesús por medio de Francisco.

Vean sus discursos en todo tipo de medios seculares, NUNCA proclama a Jesús, NUNCA.

El mundo consiguió lo que quería, siempre buscó infiltrar la Iglesia por cientos y cientos de años hasta que por fin lo lograron, tenía que ser para el tiempo, en que *TODA LA INFORMACION SE PUEDE VER A TRAVES DE TODA LA TIERRA EN TIEMPO REAL*.

Cada falso profeta del pasado nunca tuvo la exclusividad de hablar a cada ser humano en tiempo real, que dichas palabras viajaran a todo el mundo en segundos, vemos como todo lo que él hace, dice y permite hacer, llega de una vez a los fieles.

Me recuerdo una vez como contradijo al mismísimo Dios Padre Todo poderoso, al decir que tatuarse no era un pecado, mi pastor, en la casa de la anunciación en Santo Domingo, República Dominicana, se atrevió un día en una homilía, hacer eco de este mismo error diciendo: "tatuarse no es un pecado, claro, yo no me haría eso de tatuarme, pero no es pecado."

En levíticos 19:28 Dios Padre habla claro sobre esto: "No os haréis incisiones en el cuerpo por un muerto, ni os haréis tatuajes, Yo soy el Señor."

Admito, que yo me hubiera tatuado hasta los pensamientos en mi época de desconocimiento espiritual, pero precisamente, desconocimiento no quita pena, si el cuerpo de uno es el Templo del Espíritu Santo, ¿acaso al Templo le harías grafitis? ¡Claro que no!

Quizás la gravedad del pecado no sea tanta como matar un bebé, practicar la sodomía, robar, corromper personas, asesinato, arruinar personas, etc, es pecado y nadie entra al cielo con mancha. (Apoc. 21:27) Pero en cuanto a este particular pecado, la gran mayoría de las personas no saben eso, que a Dios no le gusta ese tipo de cosas, incluso si fuese un tatuaje de la última cena, pregúntate esto: ¿El mundo respalda los tatuajes sí o no? ¡Siii! El mundo es el que te anima a tatuarte, así que: TODO LO QUE PROMUEVE EL MUNDO NO ES BUENO PARA NUESTRA ALMA, mucho más grave es el pecado para aquellos que saben lo que dice levíticos sobre el tatuaje y las incisiones en el cuerpo (para aquellos que se ponen aretes hasta en el hipocampo), y aun así, siguen tatuando o tatuándose.

Todo es un sin frenos, vive la vida sin arrepentimientos, abandona tu esposo (a) cuando ya no hay "glitter" (escarcha), como dijo una cantante de country en estos días al abandonar a su esposo, nunca hay deseo continuo de honrar a Dios, más bien, el deseo es de nosotros ser Dios y honrarnos a nosotros mismos.

El mundo debe de estar super complacido del trabajo de este falso profeta y sus secuaces, no porque lo escribo o digo yo, sino, porque los frutos de Francisco y sus compañeros los delatan como falsos profetas según las advertencias de nuestro Señor Jesucristo, quién, le ganó al mundo, lo conquisto por nosotros, y es el deseo de Él que rechaces al mundo, que busques complacer a Dios

y ser lo que Él quiso que fueras en el momento que
te creó: ser santo. Amén.

CAPITULO 6

La Misericordia Divina

Dios es Amor (1 Juan 4:8), rico en Misericordia (Efesios 2:4) a través de la historia de la salvación, Él nos ha dado todo para que busquemos retornar a Su Santa Gracia, desde profetas, milagros asombrosos y perdón infinito en Su único Hijo, que con mucho dolor dejo Su carne y sangre derramada por todo el camino al Gólgota para la redención de muchos.

NO merecíamos a Jesús, pero Dios nos entregó el tesoro del cielo para ser humillado en la cruz, así comprar la salvación de muchos, así lo quiso Él Padre y estamos maravillados de Su Amor.

Dios siempre tuvo sus contramedidas para la salvación de muchos, no todos, como dijo un día Francisco en una de sus homilías, esta vez en explanada del vaticano ante los ojos y oídos de miles y miles de personas: "Aahh, el cielo, todos iremos allí." (2014)

Muy romántico pensar que Hitler, Mao, Stalin, Judas, todos ellos irán al cielo. Es una pena oír de un papa decir que Judas fue incomprendido y que su final no será el infierno (2017), cosa que hasta Él mismo Jesús dijo que hubiera sido mejor que el que lo entrega (Judas), no hubiera nacido.

Si, Dios es bueno, rico en Misericordia, pero también es Justo, NO se contradice, el humano es que decide abrazar el infierno en vez de los dulces brazos de Su Misericordia y Justicia.

El sol brilla para buenos y malos, así de grande es el Amor de Dios, manda descendencia hasta los más malos, les da oportunidad cada día de enderezar sus vidas a través de Su único Hijo Jesús.

Recuerdo como Francisco proclamó el Jubileo de la misericordia, como abría las puertas de esta para la humanidad, pero aun a los pecadores más tercos y religiones más falsas él NO les profesaba que Jesús es la única vía al Padre.

Sin Jesús no hay nada, INCLUSO, ahora mismo, día tras día, así como Él lo hizo ayer y lo hace hoy, predica a las almas encarceladas, pues si lo hizo ayer por aquellas almas, también lo hace hoy y lo hará hasta que El Padre lo termine todo, el purgatorio es una realidad para toda la humanidad, en la que se les predica a todos aquellos que honran al Padre y nunca tuvieron el privilegio de oír las buenas nuevas de Jesús.

Fuera de la Iglesia NO hay salvación, por eso los fríos no entran, tremenda muestra de Misericordia del Padre en Cristo Jesús pues hay muchas personas alrededor del mundo que NUNCA oyeron las buenas nuevas de Jesús, sé que esto quizás no les agrade al oído, si vas al texto santo, dice claramente que Jesús predicó a las almas encarceladas (1 Pedro 3:19-20), la definición básica cristiana de predicar, es buscar cambio por medio de la Palabra.

¿Que tenían las almas encarceladas que muchos a través del mundo, quienes honran a Dios Padre, y NUNCA, tuvieron el privilegio de oír las buenas nuevas de Jesús? Los dos grupos NO se bautizaron, ¿Acaso digo que el bautismo es innecesario? ¡Claro que NO! El bautismo es necesario para llegar al cielo, pero también es JUSTO, que aquellos que honran al padre de corazón y en su actuar, que nunca oyeron el dulce nombre de Jesús y mucho menos el evangelio, activamente se le predique en algún nivel del purgatorio de acuerdo a su inocencia.

Esta palabra en 1 Pedro debe apagar todo tipo de discusión sobre el purgatorio, pero algunas personas les gustan debatir, recuerden que Jesús es el mismo ayer ahora y siempre, si es Él mismo ayer, lo justo es que siga hoy y mañana, hasta que todo se cumpla, con Su segunda venida a juzgar las naciones.

NUNCA debe uno como meta primaria sea ir al purgatorio, SIEMPRE debe ser pasar por la puerta angosta, ir al cielo, buscar ser santo.

El purgatorio es una muestra gigantesca de cuan grande es la Misericordia de Dios, pues todos, con faltas pequeñas, independientemente de si crees que el purgatorio existe o no, pasarán por allí y en el fuego santo las <u>pequeñas faltas</u> serán cremadas, pero también muchos allí se les será predicada la Verdad como pasó con las almas encarceladas; claro, hay muchos niveles en el purgatorio, y la encarcelación que oye dicha predicación no es igual aquellos que purgan en fuego sus faltas, de nuevo, la predicación busca cambio, pero sabemos que a todo el que se le predica no siempre acepta lo que se le dice, ya en ese departamento no me atrevo a imaginarme lo que pasa con los tercos en ese plano.

Toda alma es juzgada al final y a solo dos conclusiones se llega: condenación o eternidad.

La Misericordia Divina muestra la eternidad aquellos que han honrado a Dios a través de sus vidas y las pequeñas faltas no son una barrera, ya que el purgatorio esta allí, todo el que purga sus faltas eventualmente entrará al cielo, ahora, y repito, hay personas que nunca oyeron de Jesús pero vivieron sus vidas buscaron honrar a Dios todo el tiempo, personas que nunca conocieron de Jesús porque nadie les dijo sobre Él, por eso se les predica una última vez, como pasó con las almas encarceladas, esto es Justicia Divina y a la vez Misericordia.

Sé, que quizás mis palabras sobre esto no sean de tu agrado, pero Jesús, no dice en Su palabra, que Él pensaba predicar a las almas encarceladas, o que quizás lo haría algún día, aquí dice claramente que Él PREDICO a esas almas y así, Él buscaba con Su predica: cambio, entonces cuales sean que abracen dicho cambio en aquel entonces subieron con Él al paraíso eventualmente.

San Gerónimo solía decir que de cada 10 mil católicos solo 10 entraban al cielo, y estoy de acuerdo, pocos entran de una vez al cielo gracias a su respectiva santidad alcanzada por la Misericordia Divina, los demás 9,990, muchos se condenan a sí mismos y los otros van al purgatorio.

Francisco no habla del purgatorio, es más, niega la existencia del infierno, y es lógico que lo crea así, ya que sus amigos ateos con esto están felices de permanecer en su error, en esto, ha sido muy consistente en NO hablar de condenación a aquellos que no crean, como si hizo Jesús;

Francisco, en su autobiografía "En el cielo y la tierra", habla claro de que nunca les habla a ellos de que sus vidas están condenadas.

La Misericordia de Jesús sobrepasa toda barrera, excepto la puerta de nuestro corazón, Él es un caballero y nunca tumba las puertas de las almas, Él pacientemente toca a la puerta de tu corazón, día y noche esperando que le dejes entrar.

Todo ser humano, bueno o malo, crea o no, se les da la oportunidad de creer, enmendar, de abrazar a Dios que siempre ha sido Fiel a pesar de nosotros no serlo y por ende ser indignos de Su Amor, esto es Misericordia y esta viene conjuntamente con la Justicia Divina para rectificar y buscar enmendar cuando hay arrepentimiento sincero de nuestros errores.

Solo en la Misericordia de Jesús encontramos el camino, en Su Justicia la Paz, Sus enseñanzas nos pone a disposición de lo Alto, y a medida que caminamos más a la Luz, las sombras son descubiertas y huyen, es tu decisión espantarlas en el sacramento de la reconciliación.

Es en tu cambio, que poco a poco, descubres el interés de buscar ser santo, Él Altísimo, en Su único Hijo Jesús, está allí a la puerta tocando, cosa que inicialmente nunca podíamos ver por nosotros ir ciegos por el mundo buscando mieles pasajeras, es solo por Su Misericordia que las escamas de nuestros ojos se caen y podemos ver nuestro mal accionar. ¡Aleluya!

CAPITULO 7

El desierto

En el año 1969 el verdadero papa, Benedicto XVI, profetizó que la Iglesia se haría más pequeña en el futuro, estoy más que de acuerdo, ya que esto es va acorde con lo que se espera, según el apocalipsis, en los últimos días.

El ser humano de ahora de cara al futuro, tristemente vamos cometiendo el error de elegir al mundo antes que a Dios, mirémonos a nosotros mismos, seamos honestos, hoy por hoy tenemos una relación más fuerte con nuestro celular que con Dios, para muchos de nosotros es una relación de trabajo, pero esa excusa no importa, pasamos más tiempo abrazando, durmiendo y tocando el celular que orando, tocando la Santa llaga o buscando a Dios.

Tenemos muchas deidades, cuales debemos rechazar más y más para así, realmente, cumplir con el primer mandamiento de amar a Dios sobre todas las cosas.

Entrar al cielo no es por sentimiento, no es por la herejía del universalismo como proclama Francisco: "El cielo, todos iremos allí." Hay que trabajar la salvación con temor y temblor como dice San Pablo Apóstol, ningún hombre salva, solo Jesús, y a pesar de cualquier persecución, obstáculo y el engaño de este mundo, perseverar en la fe católica es vital.

Cuando la Mujer fue perseguida por el dragón, esta huyo al desierto, el mundo no les gusta el desierto, no hay nada allí, lo único que hay es nuestra propia fe.

Los enemigos, que están adentro, desean pervertirlo todo en un aire de misericordia bella pero falsa, DEBEMOS perseverar, DEBEMOS resistir, DEBEMOS huir, NO es formar una nueva Iglesia, pues eso es lo que desean ellos y se les nota tanto al proclamar que estamos fuera de la Iglesia, perseverar en la fe que Cristo nos enseñó, obedecer a Dios no a los hombres.

Francisco tiene 86 años si no me equivoco, va por ahí de vez en cuando en silla de ruedas, tristemente estos años de terror aun no terminan con su arrepentimiento sincero y público, no, ojalá y que sí, pero aún no ocurre, él a elevado a muchos cardenales malvados, así que viéndolo desde mis ojos humanos es posible que otro se levante, de entre los que él elevó a esos puestos de poder y siga su legado oscuro y quizás peor.

Si Dios Todopoderoso no mete su grandiosa mano y nos ayuda con tantos espinos con evangelio de mundo, Jesús entonces encontrará pocos con fe, pero los encontrará.

El desierto vendría siendo algo espiritual, pero aun así el dragón dará persecución, así según la santa escritura, por eso, es necesario ser elevados como le pasó a la Mujer, recomiendo, fuera de rezar el santo Rosario, orar a San Miguel Arcángel en estos tiempos oscuros.

Ya sea la oración a San Miguel Arcángel o su coronilla, es sabio tenerlo pendiente, déjenme compartirles un testimonio sobre San Miguel Arcángel: Era muy tarde en la noche y estaba frente a la biblioteca de la Universidad donde trabajo, saqué el Santo Rosario para rezar, de repente miles de luces en el cielo empezaron aparecer, luces pequeñas, medianas y grandes, inicialmente tuve miedo, pero eso desapareció y se transformó en gozo, estaba en paz y con tanta alegría en mí.

La siguiente noche pasó que era bien tarde en la noche, estaba en el mismo sitio y me preparaba para rezar como hice la noche anterior, en lo profundo de mi alma deseaba experimentar de nuevo lo que me pasó la noche anterior, de repente, miles de manchas oscuras aparecieron en el cielo, pequeñas, medianas y grandes, todas eran más oscuras que la misma noche, ¿Cómo es posible que exista algo más negro que el negro de la noche?

Las manchas, todas, empezaron a moverse lentamente hacia mí, me estaban acorralando, yo casi no podía respirar de tanto miedo, temblaba de espanto, mi mano derecha entro en mi bolsillo y saqué la coronilla de San Miguel Arcángel, cuando empecé a rezar, todas las manchas empezaron a huir, todas, ¿Alguna vez has tirado una piedrilla en un estanque de peces agrupados? Si, los peces salen corriendo en todo tipo de direcciones, eso mismo pasó con todas esas manchas, huyeron por sus miserables vidas. Gracias Dios mío por San Miguel Arcángel, por si acaso no sabias como hacer la coronilla aquí está desde el site de los caballeros de la Virgen:

V. Dios mío, ven en mi auxilio.

R. Señor, date prisa en socorrerme. Gloria al Padre.

SALUTACIÓN I. Un Padrenuestro y tres Avemarías al primer coro angélico.

Por la intercesión del glorioso Arcángel San Miguel y del coro celestial de los Serafines, suplicamos al Señor nos haga dignos de una llama de perfecta caridad. Amén.

SALUTACIÓN II. Un Padrenuestro y tres Avemarías al segundo coro angélico.

Por la intercesión del glorioso Arcángel San Miguel y del coro celestial de los Querubines, quiera el Señor concedernos la gracia de abandonar el camino del pecado, y de correr por el de la perfección cristiana. Amén.

SALUTACIÓN III. Un Padrenuestro y tres Avemarías al tercer coro angélico.

Por la intercesión del glorioso Arcángel San Miguel y del coro celestial de los Tronos, infunda el Señor en nuestros corazones un espíritu de verdadera y sincera humildad. Amén.

SALUTACIÓN IV. Un Padrenuestro y tres Avemarías al cuarto coro angélico.

Por la intercesión del glorioso Arcángel San Miguel y del coro celestial de las Dominaciones, quiera el Señor concedernos la gracia de poder dominar nuestros sentidos y corregir las pasiones depravadas. Amén.

SALUTACIÓN V. Un Padrenuestro y tres Avemarías al quinto coro angélico.

Por la intercesión del glorioso Arcángel San Miguel y del coro celestial de las Potestades, dígnese el Señor librar nuestras almas de las asechanzas y tentaciones del demonio. Amén.

SALUTACIÓN VI. Un Padrenuestro y tres Avemarías al sexto coro angélico.

Por la intercesión del glorioso Arcángel San Miguel y del coro celestial de las Virtudes, no permita el Señor que caigamos en las tentaciones, sino que nos libre de todo mal. Amén.

SALUTACIÓN VII. Un Padrenuestro y tres Avemarías al séptimo coro angélico.

Por la intercesión del glorioso Arcángel San Miguel y del coro celestial de los Principados, dígnese Dios llenar nuestras almas del espíritu de verdadera y sincera obediencia. Amén.

SALUTACIÓN VIII. Un Padrenuestro y tres Avemarías al octavo coro angélico.

Por la intercesión del glorioso Arcángel San Miguel y del coro celestial de los Arcángeles, quiera el Señor concedernos el don de la perseverancia en la fe y en las buenas obras, para que podamos conseguir la gloria del paraíso. Amén.

SALUTACIÓN IX. Un Padrenuestro y tres Avemarías al noveno coro angélico.

Por la intercesión del glorioso Arcángel San Miguel y del coro celestial de los Ángeles, dígnese el Señor concedernos que nos guarden en la presente vida mortal, y después nos conduzcan a la gloria eterna de los cielos. Amén.

A continuación, se rezan cuatro Padrenuestros: el primero a San Miguel, el segundo a San Gabriel, el tercero a San Rafael, y el cuarto a nuestro Ángel Custodio.

Se concluye este ejercicio con la siguiente antífona y oración final:

Antífona. Gloriosísimo Príncipe San Miguel Arcángel, cabeza y jefe de los ejércitos celestiales, depositario de las almas, vencedor de los espíritus rebeldes, doméstico en la real morada de Dios, nuestro guía admirable después de Jesucristo, y de excelencia y virtud sobrehumanas, dignaos librar de todo mal a todos los que acudimos a Vos con confianza, y haced por medio de vuestra protección incomparable que adelantemos cada día en servir fielmente a nuestro Dios.

V. Rogad por nosotros, oh gloriosísimo San Miguel Arcángel, príncipe de la Iglesia de Jesucristo.

R. Para que seamos dignos de alcanzar sus promesas.

Oración. Omnipotente y sempiterno Dios, que, con un prodigio de bondad y misericordia para la salvación de todos los hombres, elegisteis por Príncipe de vuestra Iglesia al gloriosísimo San Miguel Arcángel; os suplicamos nos hagáis dignos de que con su benéfica protección nos libre de todos nuestros enemigos, para que ninguno de ellos nos moleste en la hora de nuestra muerte, sino que seamos conducidos por él a la presencia de vuestra divina Majestad. Por los méritos de Nuestro Señor Jesucristo. Amén.

Todo dentro de la Iglesia se está eclipsando, y el pináculo de todo se dará cuando la abominación de la desolación se impuesta, el santo sacrificio será "reformulado" como, no la carne de Dios, sino como el pan de la hermandad, será una sola Iglesia al servicio del mundo, no de Dios.

Como dijo san Patricio: "ellos tienen las estructuras, nosotros nuestra fe"; a pesar de todo lo malo, a pesar de las herejías, las blasfemias, a pesar de las trampas como por ejemplo ellos buscar que nosotros nos desesperemos y abandonemos la Iglesia Católica para formar otra Iglesia (eso es lo que están tratando de hacer), hay que perseverar en la fe y seguir rezando por sus almas.

BIENVENIDO sea el desierto. ¡Aleluya!

CAPITULO 8

La gloria de los olivos

La gloria de los olivos se refiere el profeta y santo San Malaquías en su lista de papas y antipapas profetizados por él, la gloria de los olivos es el verdadero papa Benedicto XVI.

Supe que recientemente estuvo muy enfermo y este capitulo es en honor a él, dense cuenta que aun él no quiera ser papa lo es, Francisco con sus frutos ha mostrado que es el falso profeta, o sea un antipapa.

El papa Benedicto XVI es el ultimo papa que fue hecho sacerdote bajo el rito romano tradicional, fuera de los sacerdotes de la sociedad de san pio X y los de la fraternidad de San Pedro, todos los demás sacerdotes que quedan en la Iglesia son sacerdotes hechos bajo el novus ordo,

Escribí estas palabras y las publique en Gloria TV el 9 de Julio del 2018, las quiero publicar en este humilde libro en honor a Benedicto XVI, se titula: Papa Benedicto XVI el valiente.

600 sacerdotes pedófilos expulsados no fueron suficientes para el mundo, caminaste duro contra los comunistas, pero viste como los traidores a tu alrededor estaban tratando de hacer, el establecimiento de la iglesia China comunista como parte de la única fe verdadera, el Cardenal Kung dio la voz de alarma y los detuviste.

Mi querido y verdadero Papa… tal vez no te consideres tan bueno, tal vez algunos digan que eras terrible, pero te digo con mi corazón en la mano, que eres Pedro y estoy contigo.

Solo soy otra oveja, que vio su corazón romper con tu renuncia incompleta, pero ahora estoy feliz al saber que te burlaste de los lobos a tu alrededor, tú sabiendo lo que venía, honrando a nuestra Madre de Fátima cuando a ellos les diste los edificios.

Sí, te enfrentaste a Mohammed y los cobardes te hicieron caminar hacia atrás, pero las palabras fueron veraces y la verdad nunca muere, si… el Islam NO es una religión de paz.

Reconociste la decadencia construida por el nuevo rito y esto hizo que tus enemigos rechinaran sus dientes, ya que, destruiste las excomuniones de los Obispos de la FSSPX e hiciste del latín esencial para los laicos, proclamaste el antiguo rito como no prohibido y vital para aquellos que querían amar a Dios a través de la tradición de antaño.

En verdad, eres el Obispo blanco que será martirizado por el mundo y los traidores dentro de la Iglesia, quizás tu sufrimiento no sea visto por todos, pero se sabe que existe… La Iglesia se volverá pequeña, palabras que una vez dijiste y se convirtió en profecía, haciendo eco de muchas otras profecías de nuestros queridos Patriarcas, Santos, Mártires y Papas... la Iglesia se está volviendo pequeña a medida que la anti-iglesia crece y crece.

Desde tu país natal Alemania, están atacando tu legado y todas las profecías, títeres del falso profeta: Judas vestido como Pedro, Francisco... Alemania es el asistente del asistente del anticristo, a pesar de ello, te tomas tu tiempo para hacerles saber a ellos quién es jefe.

Dios es el jefe, nuestro Señor Jesús no bajó de la Cruz como querían que El hiciera, se te conocerá como Benedicto el valiente, tú sabes muy bien que esta es la única forma de regresar a la Gracia Divina y dejar salir el humo de satanás para siempre, la cizaña debe separarse del trigo y esta es la única forma de hacerla ver.

Eres valiente, a pesar de que sabes que cometiste errores, pero sabes que dijiste que la nostra aetate es peligrosa y eso para mí es valiente... pero los padres del ecumenismo se cansaron de ti, te resistieron, te empujaron fuera y promovieron a su "hombre", no más enseñar latín en las iglesias, no más hacer misas tridentinas sin permiso, en cambio, falsa misericordia para todos y confusión infernal en todas partes.

Esto fue permitido porque no creímos y sé que sabes que al principio participaste en todo esto, pero al igual que Pedro, volviste en sí y trataste de enmendar poco a poco.

Cuando "renunciaste", me sentí como desnudo en las calles, muchos sintieron lo mismo que yo... pero al ver los signos del Cielo y los frutos podridos del Tope, sé que Dios permitió esto para que Jesús regresara y tomara la cizaña y dejarla quemar.

El papa Benedicto será conocido como papa Benedicto el valiente, porque nadie pudo hacer lo que hiciste con el permiso de nuestro Señor, muchos desearían que estuvieras muerto ya, mi querido mártir seco, pero el pináculo de todo esto hará que sus deseos entren en acción y permita que tu sangre se derrame violentamente en el suelo

Como San Ignacio de Antioquía sabía que venían los leones, sabías de los lobos a tu alrededor y no te escondiste de ellos, pero pronto se cansarán y atacarán... como los Mártires del pasado, tu dejaras que devoren tu carne, sabes esto... eres realmente valiente.

Desearía poder abrazarte en persona verdadero papa, pero dejaré que una maniobra enseñada en los seminarios lo haga, me imaginaré que estás frente de mí y te abrazaré en el Nombre de Jesucristo. Amén

PALABRAS FINALES

Podría hablarles de cada uno de los pronunciamientos de Francisco y denunciar cada uno de ellos, muchas son herejías claras, otras adornadas en telarañas de ambigüedad, también hablar de cada uno de sus secuaces, pero entonces este libro se multiplicaría por decenas de tomos.

Tenemos que abrazar y perseverar en la fe ahora más que nunca, digo con mucho gozo y alegría en mi corazón, que la cizaña o espinos, están saliendo al sol para ser vistos por todos, muchos infiltrados, no creyentes, luciferinos, en fin, todo tipo de adversario de la fe que solía vivir en secreto destruyendo, salen a la luz hoy bajo la sombra protectora de Francisco.

Con la luz del Espíritu Santo sabrás que es un momento de gozo, que los espinos salgan y quieran ahogar al trigo, digo gozo, porque el tiempo en que los segadores deben recoger la cosecha deban recoger la cosecha está cerca, por eso me siento con gozo, alegría al saber que Dios está cerca de venir.

Pero, ¿encontrará Jesús fe en la tierra? Si, solo que no será en un gran número de personas, sino aquellos que, a pesar de las vicisitudes de la vida y como las estructuras fueron infiltradas y secuestradas por el enemigo, un pequeño grupo de fieles, con la gracia de Dios, perseveraron en la fe enseñada por nuestros antepasados.

El oro debe pasar por fuego para ser refinado, Dios nos provee la respuesta, Dios mismo acorta los días porque si no entonces hasta los elegidos podrían perderse, no se puede recoger una cosecha más allá del tiempo que le toca, Jesús encontrará fe, aunque sea de algunos pocos aquí o allí.

Hay que juzgar, hasta la comida que comemos es juzgada por color, olor y aspecto para saber si nos puede gustar y beneficiar, el hombre espiritual lo juzga todo, lo que NO debemos es ser hipócritas.

Estoy convencido que, hasta el más grave de los falsos profetas, Dios le da día a día la oportunidad de redimirse y poder enmendar, es mi deseo que Bergoglio se arrepienta ante de que sea muy tarde para él, admita su agenda engañosa y tras el telón para destruir, debe hacerlo ante todos como forma de enmendar, y claro, alejarse de la silla de Pedro, por primera vez buscar ser humilde de cara a un verdadero arrepentimiento.

Nunca debí yo quién ser que escribiera estas palabras, no soy digno de ladrarle a un sacerdote de Dios, que lamentablemente prefirió al mundo antes que, a Dios, pero al fin sacerdote, admito que no sé nada de nada, soy un pobrecito doctor de medicina indigno del Infinito y Todopoderoso Dios, que en Su Divina Misericordia me salvó y me dio la suficiente sabiduría para escribir estas palabras.

Quise escribir con todo el amor que mi ser pudo captar de Dios, amor en cada acento, sujeto, predicado, idea o enunciado.

Sin Justicia Divina no hay Misericordia Divina y la Misericordia sin Justicia es una mentira en sí, esta falsa misericordia proclamada tan frecuente y fervientemente por el tope, está diseñada para atraer las almas que desean vivir despreocupadas y sin aceite.

Es vivir como el mafioso que mata, roba y se lucra ilícitamente, pero aporta a los pobres, la Iglesia y reza ante las imágenes de los santos, la Virgen y hace su respectivo rosario, este tipo de misericordia engañosa atrae, te calma así no busques verdadero arrepentimiento, el mafioso cree que sus rezos valen, que la absolución provista por los sacerdotes corruptos, que, a pesar de saber lo que estos hacen, les "perdonan", pero estos no enmiendan, no rectifican y no cambian.

La falsa misericordia debe ser dulce al sabor, de aspecto gentil y hasta a veces cómica, suave al toque, pero en esencia venenosa para así dar perdición.

Los apóstoles evangelizaron o sea proselitaron muchas religiones extrañas, muchos santos murieron por reyes querer divorciarse y volver a casarse otra vez, muchos al momento de morir, vieron su propia sangre bañar el suelo por defender una misa que amaban pero que su lenguaje (latín) nunca entendieron.

Santos fueron encerrados, golpeados, torturados y traicionados todo por su fe, fe que fue transmitida a nosotros y ahora mismo el tope proclama no es de uso, que la tradición antigua te excluye de la Iglesia cuando no es así.

Jesús es el mismo AYER, AHORA y SIEMPRE (hebreos 13:8), ayer no conviene a la realidad que el mundo presenta hoy, por lo tanto, como el ayer no conviene, entonces que sean las realidades las que pinten un nuevo Jesús hoy. DIOS NO CAMBIA, NO CELEBRA EL PECADO, más bien lo odia y busca que, así como Él le dijo a la mujer adultera, que NO volvamos a pecar.

Dios no ve con alegría las religiones del hombre, así como tampoco le gusta el robo, la corrupción, la homosexualidad. Los mandamientos NO cambian, siguen siendo los mismos, Jesús es el mismo hoy como lo fue ayer y si el ayer es la respuesta para lo que Dios es hoy, ¿Por qué desechar el ayer? ¿Por qué desechar las tradiciones que con mucho empeño San Pablo nos mandó guardar?

Todo lo que ha escrito Bergoglio se puede desechar valientemente, pues, no aceptar nada nuevo, obviamente, todo lo que tiene veneno no es bueno para nadie, si encuentras falsedad en unos escritos que se supone deben aclarar y no confundir, entonces esos escritos o 'enseñanzas' como Bergoglio declaró que son, se pueden depositar en el zafacón de basura más cercano a toda confianza.

Es imprescindible que PERMANEZCAMOS en la fe que se nos dejó bajo persecución y martirio de nuestros queridos Apóstoles, patriarcas, santos, papas, mártires y fieles difuntos.

Hay que orar por los que nos persiguen, por sus almas, no por sus nefastas y oscuras intenciones, más bien que sus intenciones no se hagan, orar por la intención de un ladrón es como echar agua en un vaso lleno de hoyos, más bien pedir por sus almas a ver si se convierten a tiempo, quien sabe, quizás

Bergoglio lo haga y sea el nuevo san Hipólito de Roma, tristemente, viendo sus frutos a través del tiempo, se nota o se siente como que no llega esa conversión, al contrario, Bergoglio empeora y sus secuaces se multiplican por toda la Iglesia, con razón San Francisco dice sobre un hombre haber sido escogido para ser destructor y por sus frutos evidentes es Francisco I.

Pero al final, la noche siempre acaba, la historia recuerda los que estaban en el lado correcto, aun fueran unos pocos; vivimos en un tiempo donde toda noticia llega de una vez, todo ejemplo se nota, como la cobardía de los pastores hace temblar a las pocas ovejas fieles en el rebaño.

La noche es larga, pues todos los puestos de poder en la Iglesia, la gran mayoría, están ocupados por personas comprometidas con esta agenda oscura o evangelio de mundo.

En cierta medida y contundencia, Francisco ha sido anatemizado tantas veces por sus enseñanzas o evangelio extraño, que es triste, pero, él no cree en eso.

Los espinos o cizañas se ríen y dan palmadas en sus espaldas por ver que lo están cambiando todo, se felicitan al ver cómo echan a los justos al exilio, pues por décadas y décadas los modernistas sufrieron todo tipo de derrotas en manos de aquellos que ejercían la sana doctrina en ejemplo y palabra.

Este es su tiempo, por fin los espinos se dejan ver abiertamente, así que la cosecha esta casi en su punto, los segadores pronto van a recoger todo y separarán el trigo de los espinos, así que prepárate, permanece en la fe y abre los ojos ante los enemigos, la noche sigue su curso, pero pronto a las doncellas por fin despertarán para recibir al novio, que alegría JESÚS VUELVE. ¡Aleluya!

Oh María sin pecado concebida…

Ruégale a tu Hijo, nuestro Señor Jesucristo…

Que cambia el agua de nuestras vidas a otro color.

Cambia Señor Jesús, así como en Cana,

El agua de nuestras vidas en vino,

Así nuestras vidas tendrán color…

El color de Tu Amor. Amen.

www.ingramcontent.com/pod-product-compliance
Lightning Source LLC
Chambersburg PA
CBHW071423130726
47996CB00013B/390

9 798371 516664